이화 한국어

이화 한국어 1-2 (English Version)

지은이 이미혜 · 김현진 · 구재희 · 윤영 · 이수행 · 권경미 · 유선희

펴낸날 1판 1쇄 2010년 7월 5일
10쇄 2024년 10월 30일

펴낸이 주소현 **펴낸곳** 이화여자대학교출판문화원
주소 서울특별시 서대문구 이화여대길 52(우 03760) **등록** 1954년 7월 6일 제9-61호
전화 02) 3277-2965(편집), 02) 362-6076(마케팅)
팩스 02) 312-4312 **전자우편** press@ewha.ac.kr **홈페이지** www.ewhapress.com

책임편집 이혜지 **디자인** design **Vita** **조판** design **Vita**, 정혜진 **번역** 조윤정
일러스트 양승용, 김혜선 **사진** 정영진, 박낙희, 이화여자대학교 언어교육원, 이화여자대학교 홍보과
녹음 정영진 **성우** 유남희, 최정호, Kristin Erin Graw

ISBN 978-89-7300-879-7 18710
978-89-7300-875-9 (세트)
값 16,000원

* 사진 촬영에 협조해 주신 Van Den Peereboom Gilles E. M., Qiao Shanshan, Biernath Anne Madlen, Suzuki Makiko, Ishizawa Shinji, Saygi Kemal 씨, 이화여자대학교 언어교육원 학생들과 이화여자대학교 학생들에게 감사를 드립니다.

* 잘못된 책은 구입처에서 바꾸어 드립니다.

이화여자대학교 언어교육원
Ewha Womans University
Ewha Language Center

이화 한국어

이미혜 · 김현진 · 구재희 · 윤영 · 이수행 · 권경미 · 유선희 지음

English Version

1-2

KOREAN Ewha

EPRESS

책을 펴내면서

이화여자대학교 언어교육원은 국내 최초의 의사소통 중심 교재 『말이 트이는 한국어(Pathfinder in Korean)』를 발간한 지 12년 만에 새로운 의사소통 중심 교재 『이화 한국어(Ewha Korean)』를 발간하게 되었습니다. 지난 10여 년 동안 『말이 트이는 한국어(Pathfinder in Korean)』는 세계 각국에서 한국어 교재로 널리 사용되어 왔으며 현재까지도 외국인들에게 한국어 학습의 좋은 길잡이가 되고 있습니다. 그러나 새로운 시대 흐름에 맞춘 교재 집필이 필요하다고 생각되어 언어교육원에서는 2008년부터 『이화 한국어(Ewha Korean)』 개발에 착수하였으며, 교육과학기술부의 '2009 한국어 연수 프로그램 지원사업'에 선정되어 교재 개발에 박차를 가할 수 있게 되었습니다. 그리고 지난 일 년 간 언어교육원 한국어 과정에서 몇 차례의 시험 사용, 수정 작업을 거쳐 발간하기에 이르렀습니다. 『이화 한국어(Ewha Korean)』 시리즈는 1급에서 6급까지 총 30권의 교재와 연습서로 구성되며, 앞으로 단계적으로 발간될 예정입니다.

『이화 한국어(Ewha Korean)』는 말하기 · 듣기 · 읽기 · 쓰기의 통합 교재이며 초급부터 고급까지 연계적으로 구성되어 있습니다. 이 교재는 네 가지 언어 기능의 균형 있는 발전을 유도하면서도 특히 말하기 능력을 강화하도록 고안된 것이 특징입니다. 말하기 연습을 유도하는 장치로 'Try it'을 활용하였는데 이것은 외국인 학습자가 주도적으로 대화를 이끌어 갈 수 있도록 담화 순서와 문장의 핵심어를 담은 것입니다. 이 장치를 따라 말하기 연습을 함으로써 학습자는 단순 암기 방식에서 벗어나서 주도적으로 대화를 이끌어 가는 능력을 기를 수 있을 것입니다. 또한 최근 학습자 성향과 편의를 고려하여 1~3급은 교재를 두 권으로 구성하였으며, 1급과 2급은 영어, 일본어, 혹은 중국어(간체, 번체)로 설명을 넣는 등 세밀하게 학습자 요구를 반영하고자 하였습니다.

이화여자대학교 언어교육원을 대표하여, 『이화 한국어(Ewha Korean)』가 출간되기까지 이 책의 저자들이 쏟은 열정과 노고에 대해서 깊은 감사를 드립니다. 또한 내용 구성에 많은 조언을 해 주신 이해영, 김영규, 최형용, 박선희 교수님께 감사의 말씀을 드리며, 문학 부분에 조언을 해 주신 김현자 교수님께도 감사의 말씀을 드립니다. 또한 편집과 출판을 맡아 주신 이화여자대학교출판문화원에도 고마움을 전합니다.

앞으로 『이화 한국어(Ewha Korean)』가 국내외에서 한국어 교재로 널리 활용되어 한국어를 쉽고 재미있고 효과적으로 교수 · 학습하는 데 기여하기를 기대합니다.

2010년 6월

이화여자대학교 언어교육원

원장 양 혜 순

Preface

Twelve years after publishing *Pathfinder in Korean*, the first domestically made Korean language textbook based on communicative practice, Ewha Language Center at Ewha Womans University has now released a new textbook titled *Ewha Korean*. Over the past ten years *Pathfinder in Korean* has been widely used as a Korean language textbook in many countries around the world and is still prized as a useful guide for beginners to the Korean language. Under the belief that a new textbook was called for to meet the needs of changing times, however, Ewha Language Center began development of *Ewha Korean* in 2008. The project gained momentum when it was selected for funding under the Ministry of Education, Science and Technology's program to provide support for Korean language training in 2009. Over the past year the textbook was tested, revised, and tested again through actual use in the classroom at Ewha Language Center before coming up with the final version. The *Ewha Korean* series consists of 30 volumes including textbooks and workbooks, covering six levels, and will be published in stages.

Ewha Korean is a comprehensive textbook covering the four skills of speaking, listening, reading, and writing with related content throughout all levels. While fostering balanced development of the four language skills, the new textbook is designed with an emphasis on speaking ability. The "Try it" section in each chapter is designed to encourage students to improve their conversation skills without memorization by creating their own dialogue according to a given situation and explanation of the flow of the dialogue and vocabulary. In addition, taking into consideration the demands and preferences expressed by students, levels 1 to 3 consist of two books each, and in levels 1 and 2 the instructions and explanations are given in English, Japanese, or Chinese(simplified and traditional).

On behalf of Ewha Language Center, I extend my sincere thanks to the authors of the book for their passion and dedication. I also wish to express my appreciation to Professors Hai-young Lee, Young-kyu Kim, Hyung-yong Choi, and Sun-hee Park for their assistance in organizing the content, and Professor Hyun-ja Kim for her advice in regard to the literature sections of the book. Many thanks also go to Ewha Womans University Press for editing and publication of the book.

It is my hope that *Ewha Korean* will be widely used inside and outside the country as a Korean language textbook, and contribute to the teaching and learning of Korean in a way that is both fun and effective.

June 2010

Heisoon Yang, Director

Ewha Womans University Language Center

차례 Contents

교재 구성표

단원	주제	내 용			
		Part 1		Part 2	
		준비합시다	말해 봅시다	준비합시다	말해 봅시다
8	물건 사기	명, 마리, 개 가격	과일 가게에서 과일 사기 표현 가격 말하기 가격 흥정하기 발음 깎아 주세요 [까까주세요]	에게, 한테 보다 –지 않다 어휘 선물	생일 선물에 대해 조언하기 표현 선물에 대한 조언 구하기 선물 추천하기
9	계획	의 –(으)ㄹ 거예요 –고 있다 어휘 한국 문화	휴가 계획 말하기 표현 휴가 인사하기 발음 할 거예요 [할꺼예요]	–(으)ㄴ 후에 –(으)러 가다	수업 후 계획 제안하기 표현 수업 후 계획 묻기
10	음식	–(으)ㄹ까요 –(으)ㅂ시다 –고 싶다	식당 안내책을 보고 식당 정하기 표현 식당에 대해 평하기 발음 거의 [거의], [거이]	–아/어서 ㅂ 불규칙	음식 추천하기 표현 음식 맛 말하기
11	교통	(으)로(수단) ㄷ 불규칙 에서 ~까지 어휘 교통수단 교통 관련 어휘	목적지까지 가는 방법 묻기 표현 지하철 이용 방법 말하기 소요 시간 말하기 발음 국물 [궁물]	–(으)려고 하다 –(으)십시오	길 묻기 표현 길 묻기 감사 표현하기
12	날씨	–고 (이)나 –(으)면 어휘 계절, 날씨	날씨 고려하여 주말 계획 세우기 표현 부탁하기	–(으)ㄴ/는 –겠–	여행할 도시의 날씨 정보 얻기 표현 여행 준비물 조언 구하기 발음 덥지 않아요 [덥찌아나요]
13	전화	–지요 –아/어 주다	전화로 메모 남기기 표현 전화 걸기 전화해서 사람 찾기 메모 부탁하기	에게서, 한테서 –(으)ㄹ게요 요 어휘 전화 관련 어휘	전화로 모임에 대한 정보 주기 표현 전화 바꾸기 발음 갈 거예요 [갈꺼예요]
14	약속	–(으)ㄹ 수 있다 못 –고(순서) 어휘 운동, 악기 연주	약속 변경하기 표현 약속 변경을 제안하기 발음 좋아요 [조아요]	–기 전에 –아/어야 하다	가능한 시간으로 약속 정하기 표현 시간 내 달라고 부탁하기 가능한 시간 말하기
15	취미	–는 –(으)ㄴ/(으)ㄹ –아/어 보다 어휘 취미	동아리 활동에 대해 소개하기 표현 취미 말하기 동아리 가입 권유하기 발음 가입하다 [가이파다]	–아/어도 되다 –(으)면 안 되다	등산할 때 주의 사항 알려 주기 표현 주의 사항 묻기

내 용			
Part 3		**Culture & Literature**	
들어 봅시다	읽고 써 봅시다	문화 알아보기	문학 맛보기
가게에서 물건 사는 대화 듣기 표현 손님에게 인사하기	쇼핑 경험에 대한 글 읽고 쓰기	한국의 돈	소금이 나오는 맷돌 (전래동화)
생일 파티 계획에 대한 대화 듣기	미래 계획에 대한 글 읽고 쓰기	한국인의 새해 계획	새로운 길 (시)
학교 방송 듣기	좋아하는 음식에 대한 글 읽고 쓰기	김치	호랑이와 곶감 (전래동화)
기차표 예매하는 대화 듣기	관광 코스 소개의 글 읽고 쓰기	서울의 대중교통	아리랑(민요)
일기 예보 듣기 표현 날씨 예보하기	이메일 읽고 쓰기	한국의 여름	청개구리(전래동화)
전화로 예약하는 대화 듣기 표현 자리 요청하기	송별회 계획에 대한 글 읽고 쓰기	한국 생활에 유용한 전화번호	통화 (시)
약속을 확인하는 대화 듣기	약속에 관한 경험의 글 읽고 쓰기	젊은이들의 거리, 신촌	사랑가(판소리)
취미 생활에 대한 대화 듣기	동호회를 소개하는 글 읽고 쓰기	한국 사람의 취미, 등산	피아노 (시)

Table of Contents

V Vocabulary E Expression P Pronunciation

Contents

교재 구성과 사용법 How to Use This Book

- 『이화 한국어 1-1』은 1~7과, 『이화 한국어 1-2』는 8~15과로 이루어져 있습니다.
  Ewha Korean 1-1 covers Units 1~7 and *Ewha Korean 1-2* covers Units 8~15.

- 1과 '한국어와 한글'은 한글 자모를 읽히고 한국어 문장 구성을 익히는 기초 단원입니다.
  Unit 1 "The Korean Language and Hangeul" gives a basic introduction to Korean alphabet and the structure of Korean sentences.

- 2과부터 각 단원은 Part 1, 2, 3과 'Culture & Literature'로 구성되어 있습니다. Part 1, 2, 3은 문법, 말하기, 듣기, 읽기, 쓰기를 학습하는 부분이며, 'Culture & Literature'는 한국의 문화를 알아보고 문학 작품을 접해 보는 부분입니다.
  From Unit 2, each chapter is divided into four parts: Parts 1, 2, 3, and "Culture & Literature". Parts 1, 2, and 3 cover grammar, speaking, listening, reading and writing, while "Culture & Literature" explores Korean culture and gives students an introduction to literary works.

단원 구성 Composition of Units

단원 표지 Unit cover page

사진 자료로 단원의 내용을 알 수 있도록 보여 줍니다.
Photos are used to indicate the contents of the unit.

단원의 학습 내용과 목표를 알려 줍니다.
The contents and learning goals of each unit are explained.

Part1 Part2

준비합시다와 말해 봅시다로 구성되어 있습니다. 준비합시다에서 2~3개의 문법과 어휘들을 학습하고, 말해 봅시다에서 실제적인 말하기 과제를 연습해 봅니다.

These parts consist of preparation(준비합시다) and speaking(말해봅시다) sections. The preparation section gives practice in 2~3 grammar points and vocabulary, and the speaking section gives practice in speaking and includes speaking tasks.

문법을 학습하기 전에 학생이 문법의 쓰임과 의미에 대해 생각해 볼 수 있도록 간단한 질문을 제시했습니다.
Before studying grammar students are given simple questions that prompt them to think about grammar usage and meaning.

상황이 있는 그림과 예문으로 문법이 언제, 어떻게 사용되는지를 알려 줍니다.
Points on application of grammar including where and how it is used are shown through pictures and examples.

문법의 의미(쓰임)를 명확하게 알 수 있도록 설명을 제시했으며, 형태 정보를 도식화하여 간략하게 보여 주고 예를 제시했습니다.
The meaning(usage) of grammar points is clearly explained, and information on forms is simply explained in diagram form with examples.
(N=Noun, A=Adjective, V=Verb)

문법 연습을 말하기 활동으로 제시했습니다. 연습 방법을 알 수 있도록 번역된 지시문과 <보기>를 제시했습니다.
Grammar practice is given through speaking tasks. Instructions in the English translation and examples are given.

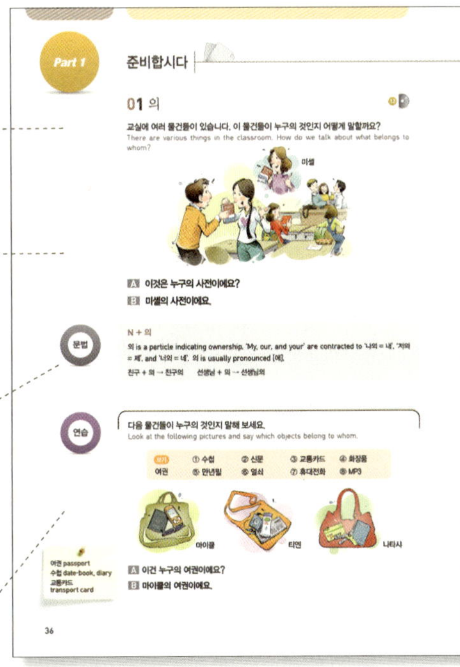

단원 주제와 관련된 어휘들을 그림과 함께 제시했습니다.
Key words related to the unit are given with pictures.

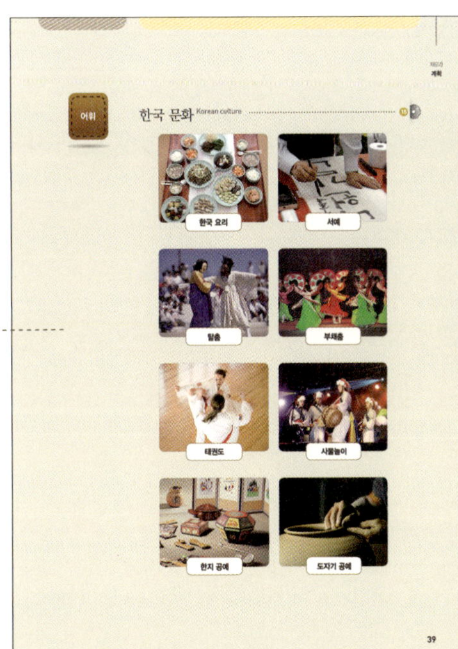

말하기 과제의 내용, 상황, 대화자의 역할을 그림과 설명으로 제시했습니다.
For the speaking tasks the content, situation and roles of speakers are explained with pictures.

모범 대화문을 학습하기 전에 주어진 역할에 맞게 대화를 만들어 보는 연습입니다. 말풍선에 제시된 핵심어를 보면서 두 사람이 대화를 만들어 봅니다. Try it은 암기에 의존하지 않고 스스로 대화를 주도하면서 구성하는 능력을 길러 줍니다.
Before studying the given dialogue students practice making up their own according to given roles. The students make up a conversation in the speech balloons following key instructions. "Try it" encourages students to speak without relying on memorization.

대화의 흐름과 주요 내용을 알려 주는 것으로 담화에 대한 이해력, 구성 능력을 길러 줍니다.
Students' understanding of dialogue and speaking ability is fostered by explaining the flow and major contents of the dialogue.

Part 1 말해 봅시다
휴가 계획 말하기 Talking about holiday plans
여러분의 휴가 계획을 친구와 말해 보세요.
Talk about your holiday plans with a friend.
Try it!
말풍선을 따라 대화를 구성해 보세요.
Look at the speech balloons and make up a dialogue.
수진 Ask about your friend's holiday plans.
요코 Talk about your own holiday plans.
1. 휴가 기간 묻기
휴가 | 언제?
7. 25~8. 5
2. 휴가 계획 말하기
휴가 때 뭐 하다?
프랑스 파리 | 가다 거기 | 친구 | 있다
3. 휴가지에서의 계획 말하기
파리 | 뭐 하다?
에펠탑 | 보다 박물관 | 가다 프랑스 음식 | 먹다
4. 숙소에 대해서 말하기
부럽다 어디 | 묵다?
아직 모르다 지금 인터넷에서 숙소 | 찾다
40

모범 대화문입니다.
Sample dialogue.

대화문에 포함된 주의할 발음에 대해 설명과 예를 제시했습니다.
Explanations of pronunciation in the dialogue and examples are given.

말하기 과제 수행에 필요한 기능 표현입니다. 살아 있는 표현들이므로 실생활에서 유용하게 사용할 수 있습니다.
Key expressions needed to carry out the speaking task are given. These expressions are useful in everyday life.

교실에서 사용할 수 있는 확장 연습을 제시했습니다. 상황에 맞게 변형하여 활용할 수 있습니다.
Suggestions for further practice are given. The points can be adapted to various situations.

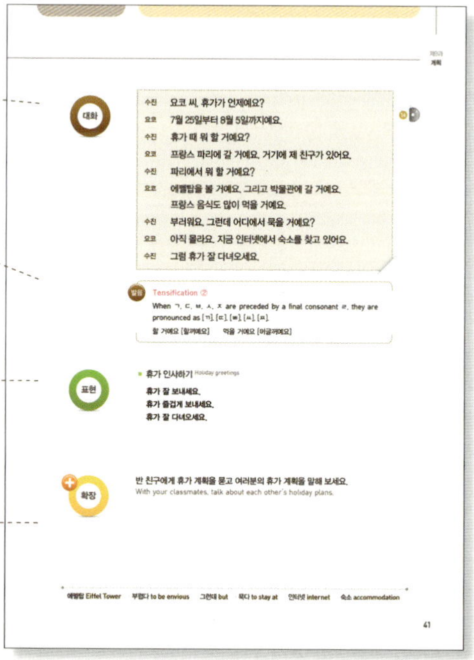
대화
수진 요코 씨, 휴가가 언제예요?
요코 7월 25일부터 8월 5일까지예요.
수진 휴가 때 뭐 할 거예요?
요코 프랑스 파리에 갈 거예요. 거기에 제 친구가 있어요.
수진 파리에서 뭐 할 거예요?
요코 에펠탑을 볼 거예요. 그리고 박물관에 갈 거예요. 프랑스 음식도 많이 먹을 거예요.
수진 부러워요. 그런데 어디에서 묵을 거예요?
요코 아직 몰라요. 지금 인터넷에서 숙소를 찾고 있어요.
수진 그럼 휴가 잘 다녀오세요.
발음 Tensification ②
표현
휴가 인사하기
휴가 잘 보내세요.
휴가 즐겁게 보내세요.
휴가 잘 다녀오세요.
확장
반 친구에게 휴가 계획을 묻고 여러분의 휴가 계획을 말해 보세요.
With your classmates, talk about each other's holiday plans.
에펠탑 Eiffel Tower 부럽다 to be envious 그런데 but 묵다 to stay at 인터넷 internet 숙소 accommodation
41

Part3 들어 봅시다와 읽고 써 봅시다로 구성되어 있습니다.

This part consists of the listening(들어 봅시다) and reading & writing(읽고 써 봅시다) sections.

듣기 전 단계에서 활용하는 상황 그림과 질문입니다. 들을 내용을 예측하고, 어휘나 표현을 확인하는 데 도움이 됩니다.
These pictures and questions explain the listening situation. They give the students an idea of what to expect in the listening dialogue and check vocabulary and expressions.

듣기 단계에서 활용할 이해 확인 문제입니다. 무엇에 중점을 두고 들어야 하는지를 안내해 줍니다.
These questions test the students' understanding of the listening situation. They guide the students to the key points.

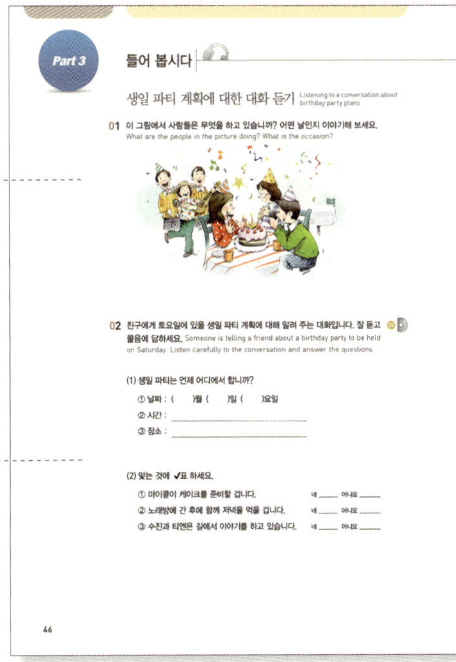
Part 3

들어 봅시다

생일 파티 계획에 대한 대화 듣기 Listening to a conversation about birthday party plans

01 이 그림에서 사람들은 무엇을 하고 있습니까? 어떤 날인지 이야기해 보세요.
What are the people in the picture doing? What is the occasion?

02 친구에게 토요일에 있을 생일 파티 계획에 대해 알려 주는 대화입니다. 잘 듣고 물음에 답하세요. Someone is telling a friend about a birthday party to be held on Saturday. Listen carefully to the conversation and answer the questions.

(1) 생일 파티는 언제 어디에서 합니까?
① 날짜 : (　　)월 (　　)일 (　　)요일
② 시간 : ____________
③ 장소 : ____________

(2) 맞는 것에 ✓표 하세요.
① 마이클이 케이크를 준비할 겁니다. 네 ____ 아니요 ____
② 노래방에 간 후에 함께 저녁을 먹을 겁니다. 네 ____ 아니요 ____
③ 수진과 티엔은 길에서 이야기를 하고 있습니다. 네 ____ 아니요 ____

46

읽기 전 단계에서 활용하는 활동입니다. 주제와 관련된 정보를 얻고, 어휘나 표현을 확인하는 데 도움이 됩니다.
This exercise gives students information related to the reading task and helps check vocabulary and key expressions.

다양한 유형의 글을 읽기 자료로 제시했습니다.
Various types of texts are presented as reading material.

읽기 단계에서 활용할 이해 확인 문제입니다.
These questions test the students' understanding of the reading material.

읽기 학습을 쓰기로 연결한 활동입니다. 읽은 글과 유사한 종류의 글을 써 보는 연습입니다.
This exercise links reading with writing. Students practice writing a passage similar to the one they have just read.

읽고 써 봅시다

미래 계획에 대한 글 읽고 쓰기 Reading and writing about future plans

01 다음은 무슨 그림입니까? 그림을 보고 친구와 이야기해 보세요.
What is the subject of the following pictures? Talk about the pictures with a friend.

02 미래 계획에 대한 글입니다. 다음을 읽고 물음에 답하세요.
Read the following passage about future plans and answer the questions.

나의 계획

저는 대학교 3학년 학생입니다. 제 전공은 한국학입니다. 저는 두 달 전에 한국어를 배우러 한국에 왔습니다. 한국에서 여러 나라 친구들을 사귀었습니다. 한국 생활은 무척 즐겁습니다.

저는 한국의 역사에 관심이 많습니다. 그래서 이번 학기가 끝난 후에 친구들과 한국의 유적지를 여행할 겁니다. 그리고 미국에 돌아갈 겁니다. 내년에 미국에서 대학교를 졸업한 후에 한국의 역사를 공부하러 한국에 다시 유학을 올 겁니다. 그리고 한국의 대학원에서 공부를 마친 후에 한국 역사 전문가가 될 겁니다. 여러분, 제 계획이 어떻습니까?

(1) 이 사람은 한국에 왜 왔습니까?
① 친구들을 사귀러 ② 한국어를 배우러 ③ 여행하러 ④ 취직하러

(2) 맞는 것에 ✓표 하세요.
① 이 사람은 지금 역사 전문가입니다. 네 ____ 아니요 ____
② 이 사람은 내년에 대학을 졸업할 겁니다. 네 ____ 아니요 ____
③ 이 사람은 다음 학기에도 한국에서 공부할 겁니다. 네 ____ 아니요 ____

03 여러분은 어떤 미래 계획을 가지고 있습니까? 여러분의 미래 계획에 대해 써 보세요.
What are your plans for the future? Write about them.

47

Culture & Literature

문화 알아보기와 문학 맛보기로 구성되어 있습니다.

This part gives students an introduction to one aspect of Korean culture(문화 알아보기) and one example of Korean literature(문학 맛보기).

단원 주제와 관련된 문화 내용을 한국어와 외국어로 제시했으며, 사진이나 삽화를 함께 제시했습니다.
One aspect of Korean culture related to the subject of each respective unit is introduced both in Korean and English, accompanied by photos or illustrations.

한국 문화에 대한 이해를 확인하는 질문과 문화상호주의적인 관점에서 자기 나라의 문화와 비교하여 생각해 보는 활동을 제시했습니다.
The culture activity tests the students' understanding of Korean culture and prompts them to think about comparisons with their own cultures.

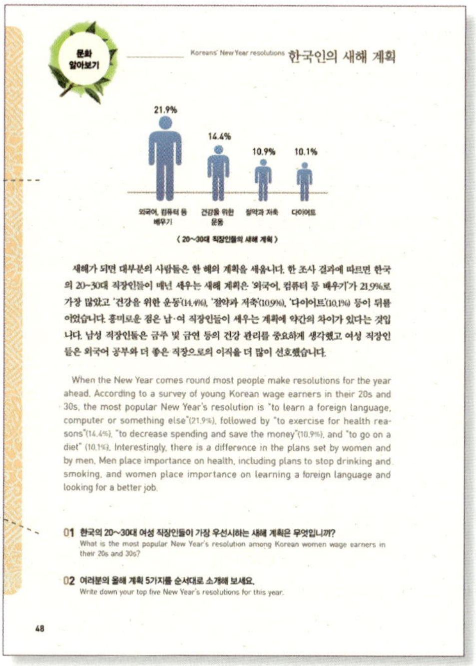

한국 문학을 접해 보고 감상해 보는 부분입니다. 단원 주제와 연관된 내용, 단원의 문법이 활용된 작품 중에서 초급에 적절한 것을 수록했습니다.
This section gives students a chance to read and appreciate examples of Korean literature. Works related to the content of each unit and using the same grammatical structures have been selected.

문학 작품을 감상하기 전에 그림이나 사진을 보고 이야기하면서 흥미를 갖도록 하는 부분입니다.
To stimulate their interest in the literary work presented, students discuss the related illustrations (photos) before reading it.

CD에 녹음된 내용을 들으면서 문학 작품을 감상해 보는 것입니다. 문학 작품의 전문 또는 일부를 수록했습니다.
Students listen to the piece of literature on CD. A whole literary text or part of one is presented.

자신의 생각이나 느낌을 표현해 보는 활동입니다.
Students are asked to express their own thoughts or feelings on the literary work.

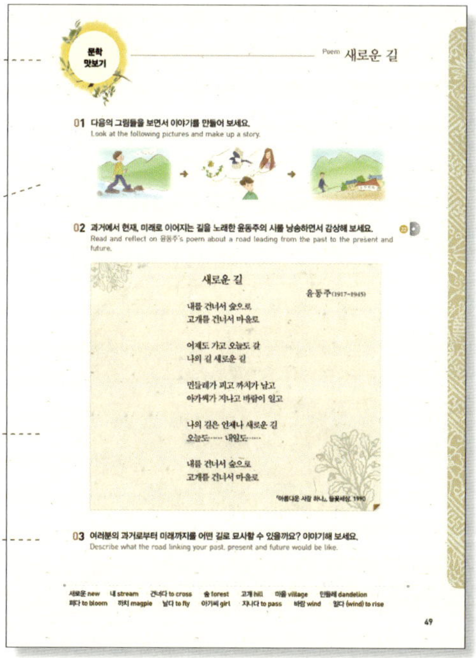

주요 인물 Main Characters

제8과

물건 사기

Shopping

제 8 과 물건 사기 Shopping

Part 1

준비합시다

01 명, 마리, 개

사람, 동물, 사물의 수를 셀 때 어떻게 표현할까요?
What is the unit used for counting people, animals or objects?

방에 책상이 한 개 있어요. 그리고 책상 위에 책이 다섯 권 있어요.

단위 Unit

개	명	마리	병	잔	켤레

권	장	대	벌	송이	조각

문법

명, 마리, 개

When counting people or objects, different words indicating the unit are used. The word 명 is used for counting people, 마리 for animals, and 개 for objects.

학생 하나 + 명 → 학생 한 명　　우산 셋 + 개 → 우산 세 개

연습

그림을 보고 무엇을 샀는지 묻고 대답해 보세요.
Look at the pictures and ask and answer the questions about what is being bought.

보기

빵 1, 주스 3

A 뭘 샀어요?

B 빵 한 개하고 주스 세 병을 샀어요.

①

주스 2, 사과 3, 라면 5

②

우산 1, 꽃 5

③

노트북 1, 텔레비전 1

④

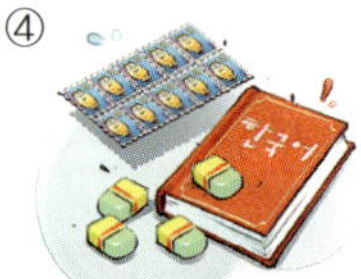

우표 10, 지우개 4, 책 1

· 빵 bread
· 주스 juice

02 가격

물건 값을 한국어로 어떻게 말할까요?
How is the price of goods expressed in Korean?

A 가방이 얼마예요?
B 십이만 원이에요.

A 지갑이 얼마예요?
B 이만 삼천 원이에요.

가격 Prices

₩100	백 원	₩980	구백팔십 원
₩1,000	천 원	₩7,500	칠천오백 원
₩10,000	만 원	₩32,800	삼만 이천팔백 원
₩100,000	십만 원	₩510,600	오십일만 육백 원
₩1,000,000	백만 원	₩3,638,050	삼백육십삼만 팔천오십 원
₩10,000,000	천만 원	₩45,000,000	사천오백만 원

문법

가격

When talking about prices, the numbers are expressed in units of ten thousand won.

₩25,000 → 이만 오천 원　₩150,000 → 십오만 원

연습

다음 물건의 가격을 묻고 대답해 보세요.
Look at the table below and ask and answer the questions about the prices.

	물건	가격		물건	가격
보기	사진기	₩370,000	③	선풍기	₩68,000
①	냉장고	₩1,230,000	④	다리미	₩83,000
②	청소기	₩460,000	⑤	세탁기	₩875,200

A 사진기가 얼마예요?
B 삼십칠만 원이에요.

- 얼마 how much
- 사진기 camera
- 냉장고 refrigerator
- 청소기 vacuum cleaner
- 선풍기 fan
- 다리미 iron
- 세탁기 washing machine

Part 1

말해 봅시다

과일 가게에서 과일 사기 Buying fruit at the fruit shop

여러분은 과일 가게에 과일을 사러 갔습니다. 주인에게 과일 가격을 묻고 과일을 사 보세요.
You have gone to the fruit shop to buy some fruit. Ask the shopkeeper about the prices and buy some.

Try it!

말풍선을 따라 대화를 구성해 보세요.
Look at the speech balloons and make up a dialogue.

주인
Name the prices and give a discount on the pears.

손님
Ask the prices and buy some apples and pears.

1. 인사하기

- 주인: 어서 오세요
- 손님: 사과 있다?

2. 사과 값 묻기

- 주인: 여기 있다 / 맛있다
- 손님: 이 사과 | 얼마?

3. 다른 사과 값 묻기

- 주인: 1개 | 700원
- 손님: 저거 | 얼마?

4. 배 값 묻기

- 주인: 1개 | 1,000원
- 손님: 배 | 얼마?

5. 배 값 깎기

- 주인: 2,500원
- 손님: 비싸다 / 깎아 주다

6. 과일 사기

- 주인: 2,000원 | 주다
- 손님: 사과(1,000원짜리) 3개 + 배 2개 | 주다

대화

3

주인	어서 오세요.
손님	아주머니, 사과 있어요?
주인	네, 여기 있어요. 아주 맛있어요.
손님	이 사과는 얼마예요?
주인	한 개에 700원이에요.
손님	저건 얼마예요?
주인	저건 한 개에 1,000원이에요.
손님	배는 얼마예요?
주인	2,500원이에요.
손님	너무 비싸요. 좀 깎아 주세요.
주인	그럼 2,000원만 주세요.
손님	1,000원짜리 사과 세 개하고 배 두 개 주세요.

발음 Liaison ②

When a final consonant is followed by a vowel, it becomes the first sound of the vowel.

깎아 주세요 [까까주세요]　칠백 원이에요 [칠배궈니에요]

표현

■ 가격 말하기 Expressing prices

한 개에 3,000원이에요. / 1Kg에 8,000원이에요.

Tip When calculating a price in terms of 한 개에, 1Kg에, 하루에, the basic unit used to name the value of something or count something is 에.

■ 가격 흥정하기 Bargaining

손님 : 깎아 주세요. / 싸게 해 주세요.
3,000원에 안 돼요? / 3,000원에 주세요.
주인 : 좋아요. 그럼 3,000원만 주세요.

확장

시장에서 과일이나 야채를 사는 대화를 해 보세요.
Practice buying fruit and vegetables at the market.

아주머니 **shopkeeper(woman)**　배 **pear**　깎아 주다 **to discount**　짜리 **attached to end of a price to indicate the value of an object**

Part 2

준비합시다

01 에게, 한테

여러분은 크리스마스에 주로 누구에게 선물을 줍니까?

Who do you usually buy presents for at Christmas?

A 크리스마스 때 누구에게 뭘 선물했어요?

B 여자 친구에게 목걸이를 주었어요. 그리고 동생에게 시계를 주었어요.

문법

N + 에게, 한테

에게, 한테 are particles attached to the noun indicating the object, whether it be an animal or a person.

친구 + 에게 → 친구에게　　강아지 + 한테 → 강아지한테

연습

다음 사람들이 무엇을 하는지 말해 보세요.

Look at the pictures and say what the people are doing.

보기

A 과일 가게 주인이 뭐 해요?

B 주인이 손님한테 바나나를 팔아요.

①

②

③

④

- 선물하다 to give a present
- 목걸이 necklace
- 주다 to give
- 과일 가게 fruit shop
- 주인 shopkeeper
- 바나나 banana
- 팔다 to sell

02 보다

둘 이상의 사물이나 사람을 비교할 때 어떻게 말할까요?
How do we compare two or more people or objects?

A 설악산이 높아요, 한라산이 높아요?

B 한라산이 설악산보다 높아요.

문법

N + 보다

보다 is a particle indicating that the noun is a subject of comparison.

버스 + 보다 → 버스보다　　한국 + 보다 → 한국보다

연습

그림을 보고 두 가지를 비교하여 말해 보세요.
Look at the pictures and make the appropriate comparisons.

보기

시계

장갑

싸다

A 시계가 싸요, 장갑이 싸요?

B 장갑이 시계보다 싸요.

①

서울

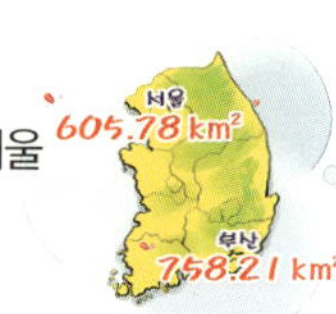

부산

크다

②

여자

남자

많다

③

야채

고기

좋아하다

④

수학

영어

잘하다

설악산 (Mt.) Seoraksan
한라산 (Mt.) Hallasan
높다 to be high
장갑 gloves

Part 2

03 –지 않다

사람이나 사물의 행동이나 상태를 부정할 때 어떻게 말할까요?
How do we express the negative of a person's behavior or situation?

A 왕카이 씨, 이번 휴가에 고향에 가요?

B 아니요, 이번 휴가에는 고향에 가지 않아요.

문법

A/V + 지 않다

–지 않다 is used to negate some behavior or situation. It has the same meaning as 안.

예쁘 + 지 않다 → 예쁘지 않다　　먹 + 지 않다 → 먹지 않다

연습

다음을 친구와 묻고 대답해 보세요.
Ask and answer the following questions with a friend.

	질문	네	아니요
보기	지금 한국 친구와 같이 살아요?	☐	☑
①	한국 친구가 많아요?	☐	☑
②	한국 드라마와 영화를 좋아해요?	☑	☐
③	고향에서 한국말을 배웠어요?	☐	☑
④	한국 노래를 자주 들어요?	☐	☑
⑤	매일 한국어 책을 읽어요?	☑	☐
⑥	요즘 한국 신문을 봐요?	☐	☑

A 지금 한국 친구와 같이 살아요?

B 아니요, 한국 친구와 같이 살지 않아요. 혼자 살아요.

- 혼자 alone
- 드라마 drama
- 노래 song
- 자주 often

어휘

선물 Presents

7

케이크

꽃바구니

꽃다발

생일카드

화장품

액세서리

향수

인형

목도리

스카프

넥타이

만년필

허리띠

장갑

액자

장난감

Part 2

말해 봅시다

생일 선물에 대해 조언하기 Giving advice on birthday presents

이번 주 토요일이 친구 동생의 생일입니다. 친구에게 어떤 선물을 사는 게 좋은지 조언해 주세요. It is your friend's little sister's birthday this coming Saturday. Give him/her some advice on what to buy for a present.

Try it!

말풍선을 따라 대화를 구성해 보세요.
Look at the speech balloons and make up a dialogue.

수진
Ask for advice on what to buy for a younger sibling's birthday.

요코
Suggest that Sujin buy a PDA or an MP3 player.

1. 동생 생일 말하기

- 토요일 | 동생 생일
- 선물 | 사다?

2. 선물 조언하기

- 아직 X
  어떤 선물 | 좋다?
- 전자사전 | 어떻다?
  학생 | 인기가 많다

3. 다른 선물 조언하기

- 전자사전 | 비싸다
  다른 것 | 뭐 | 있다?
- 그럼 MP3 | 어떻다?
  MP3 | 전자사전 | 싸다
  나 | 동생 | MP3 | 선물하다

4. 선물 결정하기

- MP3 | 좋겠다

대화

수진	이번 주 토요일이 동생 생일이에요.
요코	그래요? 생일 선물을 샀어요?
수진	아니요, 아직 사지 않았어요. 어떤 선물이 좋아요?
요코	전자사전이 어때요? 요즘 학생들에게 인기가 많아요.
수진	전자사전은 좀 비싸요. 다른 것은 뭐가 있어요?
요코	그럼 MP3는 어때요? MP3가 전자사전보다 싸요. 나도 지난번에 동생한테 MP3를 선물했어요.
수진	그래요, MP3가 좋겠어요.

8

표현

■ 선물에 대한 조언 구하기 Asking for advice on presents

어떤 선물이 좋아요?
무엇을 살까요?
다른 것은 뭐가 있어요?

■ 선물 추천하기 Recommending presents

MP3가 어때요?
MP3를 선물하세요.
MP3를 선물하는 게 좋아요.

Tip When reading or writing foreign loan words, the Korean system for expressing such words must be followed.
MP3 : 엠피쓰리
Digital camera : 디지털카메라 (The term '디카(dica)' is often used also.)

확장

친구 생일 선물이나 부모님 생신 선물에 대해 조언하는 대화를 해 보세요.
Have a conversation where you give advice on a birthday present for a friend or parents.

아직 **yet** 어떤 **what** 인기가 많다 **to be popular** 다른 것 **something else**

Part 3

들어 봅시다

가게에서 물건 사는 대화 듣기 Listening to a conversation about buying goods

01 이 가게에서는 어떤 물건을 팔까요? 주인과 손님은 무엇에 대해 말할까요?
What kind of goods does this shop sell? What are the shopkeeper and customer talking about?

02 가게 주인과 손님의 대화입니다. 잘 듣고 물음에 답하세요. 9
A shopkeeper is talking to a customer. Listen carefully to the conversation and answer the questions.

(1) 다음 물건의 가격을 쓰세요.

①  (　　　)원 ②  (　　　)원 ③ 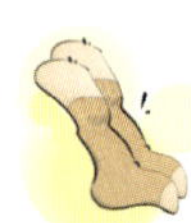 (　　　)원

(2) 이 사람은 무엇을 샀습니까?

①  ②  ③ 

(3) 언제까지 세일입니까?

표현

■ 손님에게 인사하기 Greeting customers

어서 오세요.
뭘 찾으세요?
구경하세요.
또 오세요.

가격 **price**
세일 **on sale**

읽고 써 봅시다

쇼핑 경험에 대한 글 읽고 쓰기 Reading and writing about shopping experiences

01 서울의 인사동은 어떤 곳입니까? 다음을 보고 이야기해 보세요.
What kind of place is Insa-dong in Seoul? Look at the pictures and talk about them.

02 쇼핑 경험에 대한 글입니다. 다음을 읽고 물음에 답하세요. 10
Read the following passage about shopping experiences and answer the questions.

> 인사동에서
>
> 지난 주말에 친구와 같이 인사동에 갔습니다. 인사동에는 찻집, 골동품 가게, 전통 음식점 등이 많았습니다. 우리는 전통 음식점에서 비빔밥을 먹었습니다. 그리고 식사 후에 골동품 가게를 구경했습니다. 골동품 가게에는 옛날 물건과 기념품이 많았습니다. 가격도 백화점보다 비싸지 않았습니다. 나는 필통 한 개, 부채 두 개, 엽서 다섯 장을 샀습니다. 그리고 친구에게 부채를 한 개 선물했습니다. 친구는 아주 좋아했습니다.

(1) 이 사람은 인사동에서 어디에 가지 않았습니까?

① 골동품 가게　　② 전통 음식점　　③ 찻집

(2) 이 사람은 인사동에서 무엇을 샀습니까?

(3) 맞는 것에 ✓표 하세요.

① 인사동 가게가 백화점보다 비쌉니다.　　네 ______ 아니요 ______

② 이 사람은 친구한테 부채를 주었습니다.　　네 ______ 아니요 ______

- 인사동 Insa-dong
- 찻집 teahouse
- 골동품 antique
- 전통 음식점 traditional restaurant
- 비빔밥 bibimbap
- 옛날 the past
- 기념품 souvenir
- 부채 fan
- 엽서 postcard

03 여러분은 한국에서 쇼핑한 경험이 있습니까? 어디에서 무엇을 샀는지 여러분의 쇼핑 경험을 글로 써 보세요. Have you ever been shopping in Korea? Write a passage about your experience of shopping in Korea, including what you bought and where.

문화 알아보기

Korean money 한국의 돈

한국에서는 지폐 4가지와 동전 4가지를 주로 사용합니다. 지폐는 1,000원짜리, 5,000원짜리, 10,000원짜리, 50,000원짜리가 있고, 동전은 10원짜리, 50원짜리, 100원짜리, 500원짜리가 있습니다. 그리고 현금 이외에 수표, 신용카드를 사용합니다. 1,000원짜리와 5,000원짜리 지폐에는 조선 시대 유학자인 퇴계 이황(1501~1570)과 율곡 이이(1536~1584)가 그려져 있습니다. 그리고 10,000원짜리에는 한글을 만든 조선 시대 4대왕 세종대왕(1397~1450)이 그려져 있습니다. 50,000원짜리에는 조선 시대의 여류 문인이며 화가인 신사임당(1504~1551)이 그려져 있습니다. 10원짜리 동전에는 다보탑(국보 20호)이 새겨져 있고, 50원짜리 동전에는 벼이삭이 새겨져 있습니다. 그리고 100원짜리 동전에는 거북선을 만들어 전쟁을 승리로 이끈 이순신 장군(1554~1598)이 새겨져 있습니다. 그리고 500원짜리 동전에는 부와 장수를 상징하는 학이 새겨져 있습니다.

Korean currency consists of four kinds of notes and four kinds of coins. The notes come in denominations of 1,000 won, 5,000 won, 10,000 won, and 50,000 won, and the coins 10 won, 50 won, 100 won, and 500 won. Other than cash, bank cheques and credit cards are also used. The 1,000 won and 5,000 won notes feature pictures of famous neo-Confucian scholars of the Joseon Dynasty Yi Hwang (1501–1570, pen name Toegye) and Yi I (1536–1584, pen name Yulgok) respectively. The 10,000 won note features King Sejong the Great (1397–1450), fourth monarch of Joseon and inventor of the Korean script, Hangeul. Gracing the 50,000 won note is Sin Saimdang(1504–1551), a famous female literati painter of the Joseon Dynasty. As for the coins, the 10 won coin features Dabotap Pagoda at Bulguksa (National Treasure No. 20), and the 50 won coin ears of rice. On the 100 won coin is the face of Admiral Yi Sun-sin who defeated the Japanese in a sea battle in an ironclad ship called Geobukseon, which was his own invention. On the 500 won coin is carved a crane, which symbolizes wealth and longevity.

01 한국 돈 중에서 여자 그림이 그려져 있는 것은 얼마짜리입니까?
Which Korean note carries the picture of a woman?

02 여러분 나라의 지폐와 동전은 몇 종류인지, 무엇이 그려져 있는지 소개해 보세요.
Talk about your country's currency. What kinds of notes and coins do you have and what pictures are on them?

문학 맛보기

Folk tale 소금이 나오는 맷돌

01 여러분은 소원을 들어주는 사람이나 요술 지팡이가 있다면 어떤 소원을 말하겠습니까?
If you had a magic wand or if someone could grant you a wish, what would you wish for?

02 바닷물이 짠 이유를 한국 사람들은 어떻게 설명하는지 전래동화 「소금이 나오는 맷돌」을 들으며 생각해 보세요. Listen to the folk tale "소금이 나오는 맷돌" and to find out how Koreans have tried to explain the saltiness of the sea. 11

소금이 나오는 맷돌

옛날에 요술 맷돌이 있었습니다. 그 맷돌 앞에서 "나와라, 돈!"이라고 말하면 돈이 나왔습니다. 그런데 어느 날 도둑이 그 맷돌을 가져갔습니다. 도둑은 배 위에서 "나와라, 소금!"이라고 말했습니다. 그때는 소금이 제일 비쌌습니다. 소금이 계속 나왔습니다. 그래서 도둑은 행복했습니다. 그런데 배가 너무 무거워졌습니다. 그래서 도둑과 맷돌은 바다 속으로 가라앉았습니다. 그리고 지금도 바다 속 맷돌에서 소금이 계속 나옵니다.

03 여러분 나라에도 바닷물이 짠 이유를 설명해 주는 이야기가 있는지 말해 보세요.
Talk about a story told in your country to explain why the sea is salty.

소금 salt　맷돌 millstone　요술 magic　나오다 to come out　도둑 thief　가져가다 to take　제일 most
계속 continuously　행복하다 to be happy　무거워지다 to become heavy　바다 sea　속 inside　가라앉다 to sink

제9과

계획

Plans

제 9 과 계획 Plans

Part 1

준비합시다 — 1 의 2 -(으)ㄹ 거예요 3 -고 있다

말해 봅시다 — 휴가 계획 말하기
Talking about holiday plans

Part 2

준비합시다 — 1 -(으)ㄴ 후에 2 -(으)러 가다

말해 봅시다 — 수업 후 계획 제안하기
Suggesting plans for after class

Part 3

들어 봅시다 — 생일 파티 계획에 대한 대화 듣기
Listening to a conversation about birthday party plans

읽고 써 봅시다 — 미래 계획에 대한 글 읽고 쓰기
Reading and writing about future plans

CULTURE & LITERATURE

문화 알아보기 — 한국인의 새해 계획 Koreans' New Year resolutions

문학 맛보기 — 시 Poem 「새로운 길」

Part 1

준비합시다

01 의

12

교실에 여러 물건들이 있습니다. 이 물건들이 누구의 것인지 어떻게 말할까요?
There are various things in the classroom. How do we talk about what belongs to whom?

A 이것은 누구의 사전이에요?

B 미셸의 사전이에요.

문법

N + 의

의 is a particle indicating ownership. 'My, our, and your' are contracted to '나의 = 내', '저의 = 제', and '너의 = 네'. 의 is usually pronounced [에].

친구 + 의 → 친구의　　선생님 + 의 → 선생님의

연습

다음 물건들이 누구의 것인지 말해 보세요.
Look at the following pictures and say which objects belong to whom.

보기	① 수첩	② 신문	③ 교통카드	④ 화장품
여권	⑤ 만년필	⑥ 열쇠	⑦ 휴대전화	⑧ MP3

마이클

티엔

나타샤

A 이건 누구의 여권이에요?

B 마이클의 여권이에요.

- 여권 passport
- 수첩 date-book, diary
- 교통카드 transport card

02 -(으)ㄹ 거예요

여러분은 이번 주말에 어떤 계획이 있습니까? 앞으로의 일에 대해서 이야기할 때 어떻게 말할까요? What plans do you have for the weekend? How do you talk about plans for the future?

A 미셸 씨, 이번 주말에 무엇을 할 거예요?

B 우리 반 친구들하고 같이 등산을 할 거예요.

문법

V + (으)ㄹ 거예요

-(으)ㄹ 거예요 is an expression indicating that an event or action will be happening in the future.

consonant + 을 거예요 예 먹을 거예요, 읽을 거예요

vowel + ㄹ 거예요 예 만날 거예요, 볼 거예요

연습

다음을 보고 마이클과 수진의 토요일 계획을 말해 보세요.
Look at the following and talk about Michael's and Sujin's plans for Saturday.

	시간	마이클	수진
보기	아침	테니스를 하다	공원을 산책하다
①	오전	남산에 가다	장을 보다
②	오후	연극표를 예매하다	친구와 점심을 먹다
③	저녁	여자 친구와 연극을 보다	방을 청소하다
④	밤	동대문 시장에서 쇼핑하다	라디오를 듣다

A 마이클 씨, 토요일에 뭐 할 거예요?

B 아침에 테니스를 할 거예요. 수진 씨는 뭐 할 거예요?

A 저는 아침에 공원을 산책할 거예요.

등산 hiking
테니스를 하다 to play tennis
남산 (Mt.) Namsan
장을 보다 to go shopping
연극표 theater ticket
예매하다 to reserve
연극을 보다 to watch a play
동대문 시장 Dongdaemun Market

Part 1

03 –고 있다

14

여러분이 지금 하고 있는 일을 말할 때 어떻게 말할까요?
How do you talk about what you are doing right now?

A 창호 씨, 지금 뭐 하고 있어요?

B 뉴스를 보고 있어요.

문법

V + 고 있다

–고 있다 is an expression indicating that a certain action is in progress.

하 + 고 있다 → 하고 있다　　먹 + 고 있다 → 먹고 있다

연습

다음은 마이클의 생일 파티 그림입니다. 사람들이 지금 무엇을 하고 있는지 말해 보세요.
Look at the picture of Michael's birthday party and talk about what the people are doing.

춤을 추다 · 촛불을 켜다 · 선물을 찾다 · 음악을 듣다 · 전화를 하다

A 마이클 씨는 지금 뭐 하고 있어요?

B 여자 친구하고 같이 춤을 추고 있어요.

- 뉴스 news
- 춤을 추다 to dance
- 촛불을 켜다 to light the candles
- 찾다 to look for

어휘

한국 문화 Korean culture

15

한국 요리

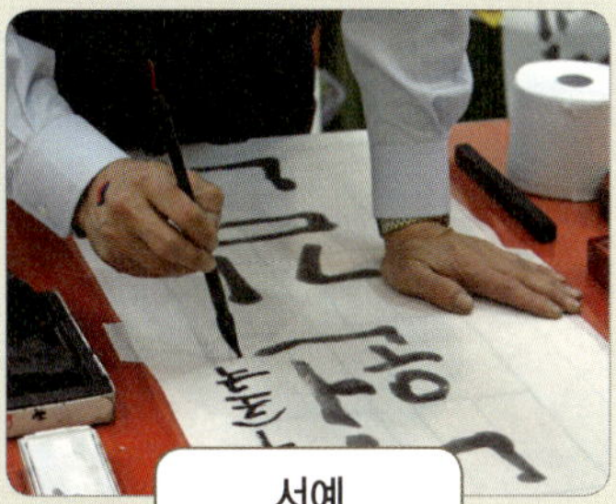
서예

탈춤

부채춤

태권도

사물놀이

한지 공예

도자기 공예

Part 1

말해 봅시다

휴가 계획 말하기 Talking about holiday plans

여러분의 휴가 계획을 친구와 말해 보세요.
Talk about your holiday plans with a friend.

Try it!

말풍선을 따라 대화를 구성해 보세요.
Look at the speech balloons and make up a dialogue.

수진
Ask about your friend's holiday plans.

요코
Talk about your own holiday plans.

1. 휴가 기간 묻기

휴가 | 언제?

7. 25~8. 5

2. 휴가 계획 말하기

휴가 때 뭐 하다?

프랑스 파리 | 가다
거기 | 친구 | 있다

3. 휴가지에서의 계획 말하기

파리 | 뭐 하다?

에펠탑 | 보다
박물관 | 가다
프랑스 음식 | 먹다

4. 숙소에 대해서 말하기

부럽다
어디 | 묵다?

아직 모르다
지금 인터넷 | 숙소 | 찾다

대화

수진 요코 씨, 휴가가 언제예요?
요코 7월 25일부터 8월 5일까지예요.
수진 휴가 때 뭐 할 거예요?
요코 프랑스 파리에 갈 거예요. 거기에 제 친구가 있어요.
수진 파리에서 뭐 할 거예요?
요코 에펠탑을 볼 거예요. 그리고 박물관에 갈 거예요.
프랑스 음식도 많이 먹을 거예요.
수진 부러워요. 그런데 어디에서 묵을 거예요?
요코 아직 몰라요. 지금 인터넷에서 숙소를 찾고 있어요.
수진 그럼 휴가 잘 다녀오세요.

16

발음 **Tensification ②**

When ㄱ, ㄷ, ㅂ, ㅅ, ㅈ are preceded by a final consonant ㄹ, they are pronounced as [ㄲ], [ㄸ], [ㅃ], [ㅆ], [ㅉ].

할 거예요 [할꺼예요] 먹을 거예요 [머글꺼예요]

표현

- 휴가 인사하기 Holiday greetings

휴가 잘 다녀오세요.
휴가 잘 보내세요.
휴가 즐겁게 보내세요.

확장

반 친구에게 휴가 계획을 묻고 여러분의 휴가 계획을 말해 보세요.
With your classmates, talk about each other's holiday plans.

에펠탑 **Eiffel Tower** · 부럽다 **to be envious** · 그런데 **but** · 묵다 **to stay at** · 인터넷 **internet** · 숙소 **accommodation**

Part 2

준비합시다

01 –(으)ㄴ 후에

17

어떤 일 다음에 일어나는 행동에 대해 말할 때 어떻게 말할까요?
How do we talk about an action that follows another action or incident?

이치로는 샤워한 후에 아침을 먹습니다.
그리고 아침을 먹은 후에 학교에 갑니다.

문법

V + (으)ㄴ 후에

–(으)ㄴ 후에 is attached to the end of a verb to indicate that the action is followed by another action. It is interchangeable with –(으)ㄴ 다음에 or –(으)ㄴ 뒤에.

consonant + 은 후에 예 읽은 후에
vowel, ㄹ + ㄴ 후에 예 간 후에, 만든 후에

연습

다음 사람들은 하루 동안 어떤 순서로 일을 하는지 말해 보세요.
Say what the following people do and in what order.

보기	요코	조깅하다 ⇨ 샤워하다 ⇨ 한국어를 공부하다 ⇨ 숙제를 하다
①	박영민	커피를 마시다 ⇨ 서류를 읽다 ⇨ 회의하다 ⇨ 컴퓨터를 하다
②	나타샤	청소하다 ⇨ 아이와 놀다 ⇨ 장을 보다 ⇨ 저녁을 준비하다
③	프랑크	요리 재료를 사다 ⇨ 요리하다 ⇨ 식당을 정리하다 ⇨ 식당 문을 닫다

A 요코 씨는 아침에 조깅한 후에 뭐 해요?
B 조깅한 후에 샤워해요.
A 그러면 샤워한 후에 뭐 해요?
B 샤워한 후에 한국어를 공부해요. 그리고 한국어를 공부한 후에 숙제를 해요.

- 조깅하다 to go jogging
- 그러면 then
- 서류 documents
- 요리 재료 cooking ingredients
- 요리하다 to cook
- 정리하다 to tidy up

02 -(으)러 가다

18

여러분은 오늘 수업 후에 어디에 갑니까? 그곳에 가는 목적을 어떻게 말할까요?
Where are you going after class today? How do you say why you are going there?

A 수진 씨, 지금 어디에 가요?
B 백화점에 가요.

A 백화점에 왜 가요?
B 부모님 생신 선물을 사러 가요.

문법

V + (으)러 가다

-(으)러 가다 is an expression that indicates why you are going somewhere and is used in conjunction with 가다, 오다, or 다니다.

consonant + 으러 ⓔ 먹으러
vowel, ㄹ + 러 ⓔ 하러, 팔러

연습

다음 사람들이 가는 곳과 그곳에 가는 목적을 묻고 대답해 보세요.
Ask and answer questions about where each person is going and why.

	이름	가는 곳	할 일
보기	리처드	커피숍	친구를 만나다
①	마사코	도서관	책을 빌리다
②	왕카이	식당	저녁을 먹다
③	요코	문화센터	요리를 배우다
④	나타샤	사진관	여권 사진을 찍다
⑤	프랑크	공항	부모님을 마중하다

A 리처드 씨, 어디에 가요?
B 친구를 만나러 커피숍에 가요.

생신 birthday (honorific form)
커피숍 coffee shop
문화센터 culture center
사진관 photo studio
공항 airport
마중하다 to go out to meet someone

Part 2

말해 봅시다

수업 후 계획 제안하기 Suggesting plans for after class

여러분은 수업 후 한국 요리를 배우러 갈 겁니다. 수업 후 계획에 대해서 말하고 다음 기회에 함께 할 것을 제안해 보세요. After class you are headed to Korean cooking lessons. Talk about what you plan to do after class and suggest that your friend go with you next time.

Try it!

말풍선을 따라 대화를 구성해 보세요.
Look at the speech balloons and make up a dialogue.

나타샤
Talk about Korean cooking lessons and suggest going together next time.

요코
Ask your friend what she is planning to do after class.

1. 수업 후 계획 묻기

- 오늘 수업 | 끝나다 → 뭐 하다?
- 친구 | 만나다 | 가다
  나타샤 씨 | 뭐 하다?

2. 수업 후 계획 말하기

- 한국 요리 | 배우다 | 문화센터 | 가다
- 한국 요리 수업 | 어떻다?

3. 요리 수업에 대해 말하기

- 재미있다
  지난 시간 | 불고기+잡채 | 배우다
  요리 | 배우다 → 직접 만들다
- 정말 좋겠다
  나 | 한국 요리 | 좋아하다

4. 내일 수업 후 계획 제안하기

- 그러면 내일 수업 | 끝나다 → 시간 | 있다?
  같이 배우다 | 가다
- 좋다
  내일 같이 가다

대화

19

나타샤	요코 씨, 오늘 수업이 끝난 후에 뭐 할 거예요?
요코	친구를 만나러 갈 거예요. 나타샤 씨는 뭐 할 거예요?
나타샤	저는 한국 요리를 배우러 문화센터에 갈 거예요.
요코	그래요? 한국 요리 수업은 어때요?
나타샤	재미있어요. 지난 시간에 불고기와 잡채를 배웠어요. 요리를 배운 후에 직접 만들었어요.
요코	정말 좋겠어요. 나도 한국 요리를 아주 좋아해요.
나타샤	그러면 내일 수업이 끝난 후에 시간이 있어요? 같이 배우러 가요.
요코	좋아요. 내일 같이 가요.

표현

- 수업 후 계획 묻기 Asking about plans for after class

수업 후에 약속이 있어요?
수업이 끝난 후에 뭐 할 거예요?
수업이 끝난 후에 특별한 계획이 있어요?

확장

반 친구와 수업 후 계획에 대해 제안하는 대화를 해 보세요.
Talk with your classmate about what to do after class.

잡채 japchae (vermicelli noodles with meat and vegetables) 직접 directly 좋다 to be good, ok

Part 3

들어 봅시다

생일 파티 계획에 대한 대화 듣기 Listening to a conversation about birthday party plans

01 이 그림에서 사람들은 무엇을 하고 있습니까? 어떤 날인지 이야기해 보세요.
What are the people in the picture doing? What is the occasion?

02 친구에게 토요일에 있을 생일 파티 계획에 대해 알려 주는 대화입니다. 잘 듣고 물음에 답하세요. Someone is telling a friend about a birthday party to be held on Saturday. Listen carefully to the conversation and answer the questions. 20

(1) 생일 파티는 언제 어디에서 합니까?

① 날짜 : (　　)월 (　　)일 (　　)요일

② 시간 : ________________

③ 장소 : ________________

(2) 맞는 것에 ✓표 하세요.

① 마이클 씨가 케이크를 준비할 겁니다. 네 ____ 아니요 ____

② 노래방에 간 후에 함께 저녁을 먹을 겁니다. 네 ____ 아니요 ____

③ 수진 씨와 티엔 씨는 길에서 이야기를 하고 있습니다. 네 ____ 아니요 ____

읽고 써 봅시다

미래 계획에 대한 글 읽고 쓰기 Reading and writing about future plans

01 다음은 무슨 그림입니까? 그림을 보고 친구와 이야기해 보세요.
What is the subject of the following pictures? Talk about the pictures with a friend.

02 미래 계획에 대한 글입니다. 다음을 읽고 물음에 답하세요. 21
Read the following passage about future plans and answer the questions.

나의 계획

저는 대학교 3학년 학생입니다. 제 전공은 한국학입니다. 저는 두 달 전에 한국어를 배우러 한국에 왔습니다. 한국에서 여러 나라 친구들을 사귀었습니다. 한국 생활은 무척 즐겁습니다.

저는 한국의 역사에 관심이 많습니다. 그래서 이번 학기가 끝난 후에 친구들과 한국의 유적지를 여행할 겁니다. 그리고 미국에 돌아갈 겁니다. 내년에 미국에서 대학교를 졸업한 후에 한국의 역사를 공부하러 한국에 다시 유학을 올 겁니다. 그리고 한국의 대학원에서 공부를 마친 후에 한국 역사 전문가가 될 겁니다. 여러분, 제 계획이 어떻습니까?

(1) 이 사람은 한국에 왜 왔습니까?

① 친구들을 사귀러 ② 한국어를 배우러 ③ 여행하러 ④ 취직하러

(2) 맞는 것에 ✓표 하세요.

① 이 사람은 지금 역사 전문가입니다. 네 ____ 아니요 ____
② 이 사람은 내년에 대학을 졸업할 겁니다. 네 ____ 아니요 ____
③ 이 사람은 다음 학기에도 한국에서 공부할 겁니다. 네 ____ 아니요 ____

- 한국학 Korean studies
- 여러 나라 various countries
- (친구를)사귀다 to make friends
- 무척 very much
- 역사 history
- 관심이 많다 to be very interested in
- 학기 semester
- 유적지 historical site
- 돌아가다 to return
- 졸업하다 to graduate
- 유학 studying overseas
- 대학원 graduate school
- 마치다 to finish
- 전문가 expert

03 여러분은 어떤 미래 계획을 가지고 있습니까? 여러분의 미래 계획에 대해 써 보세요.
What are your plans for the future? Write about them.

문화 알아보기

Koreans' New Year resolutions 한국인의 새해 계획

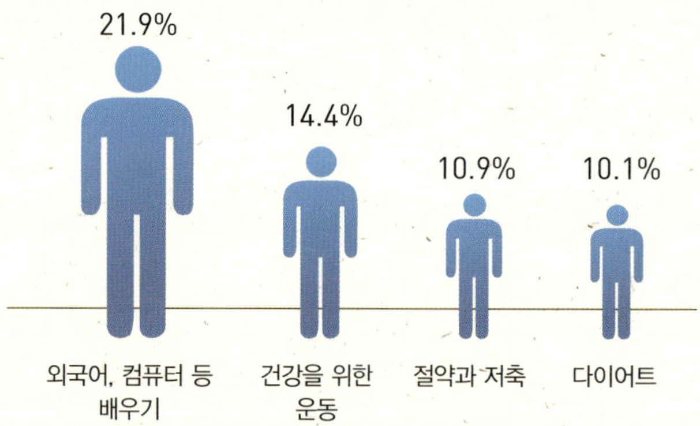

〈 20~30대 직장인들의 새해 계획 〉

새해가 되면 대부분의 사람들은 한 해의 계획을 세웁니다. 한 조사 결과에 따르면 한국의 20~30대 직장인들이 매년 세우는 새해 계획은 '외국어, 컴퓨터 등 배우기'가 21.9%로 가장 많았고 '건강을 위한 운동'(14.4%), '절약과 저축'(10.9%), '다이어트'(10.1%) 등이 뒤를 이었습니다. 흥미로운 점은 남·여 직장인들이 세우는 계획에 약간의 차이가 있다는 것입니다. 남성 직장인들은 금주 및 금연 등의 건강 관리를 중요하게 생각했고 여성 직장인들은 외국어 공부와 더 좋은 직장으로의 이직을 더 많이 선호했습니다.

When the New Year comes round most people make resolutions for the year ahead. According to a survey of young Korean wage earners in their 20s and 30s, the most popular New Year's resolution is "to learn a foreign language, computer or something else"(21.9%), followed by "to exercise for health reasons"(14.4%), "to decrease spending and save the money"(10.9%), and "to go on a diet" (10.1%). Interestingly, there is a difference in the plans set by women and by men. Men place importance on health, including plans to stop drinking and smoking, and women place importance on learning a foreign language and looking for a better job.

01 한국의 20~30대 여성 직장인들이 가장 우선시하는 새해 계획은 무엇입니까?
What is the most popular New Year's resolution among Korean women wage earners in their 20s and 30s?

02 여러분의 올해 계획 5가지를 순서대로 소개해 보세요.
Write down your top five New Year's resolutions for this year.

문학 맛보기

Poem 새로운 길

01 다음의 그림들을 보면서 이야기를 만들어 보세요.
Look at the following pictures and make up a story.

02 과거에서 현재, 미래로 이어지는 길을 노래한 윤동주의 시를 낭송하면서 감상해 보세요. 22
Read and reflect on 윤동주's poem about a road leading from the past to the present and future.

새로운 길

윤동주(1917~1945)

내를 건너서 숲으로
고개를 건너서 마을로

어제도 가고 오늘도 갈
나의 길 새로운 길

민들레가 피고 까치가 날고
아가씨가 지나고 바람이 일고

나의 길은 언제나 새로운 길
오늘도…… 내일도……

내를 건너서 숲으로
고개를 건너서 마을로

「아름다운 사람 하나」, 들꽃세상, 1990

03 여러분의 과거로부터 미래까지를 어떤 길로 묘사할 수 있을까요? 이야기해 보세요.
Describe what the road linking your past, present and future would be like.

새로운 new　내 stream　건너다 to cross　숲 forest　고개 hill　마을 village　민들레 dandelion
피다 to bloom　까치 magpie　날다 to fly　아가씨 girl　지나다 to pass　바람 wind　일다 (wind) to rise

제10과

음식

Food

제 10 과 음식 Food

Part 1

준비합시다 — 1 –(으)ㄹ까요, –(으)ㅂ시다 2 –고 싶다

말해 봅시다 — 식당 안내책을 보고 식당 정하기
Choosing a restaurant from a restaurant guide book

Part 2

준비합시다 — 1 –아/어서 2 ㅂ 불규칙

말해 봅시다 — 음식 추천하기
Recommending dishes

Part 3

들어 봅시다 — 학교 방송 듣기
Listening to the school broadcasting station

읽고 써 봅시다 — 좋아하는 음식에 대한 글 읽고 쓰기
Reading and writing about favorite foods

CULTURE & LITERATURE

문화 알아보기 — 김치 Kimchi

문학 맛보기 — 전래동화 Folk tale 「호랑이와 곶감」

Part 1

준비합시다

01 -(으)ㄹ까요, -(으)ㅂ시다

23

다른 사람의 생각을 묻거나 같이 하자고 제안할 때 어떻게 말할까요?
How do you ask others for their opinion or suggest that you do something together?

A 요코 씨, 뭘 시킬까요?

B 갈비를 이 인분 시킵시다. 그리고 물냉면도 시킵시다.

문법

V + (으)ㄹ까요, V + (으)ㅂ시다

-(으)ㄹ까요 is a word ending used to ask a person what he/she thinks or wants to do, while -(으)ㅂ시다 is used to suggest that you do something together. It is not used when speaking to an elder or superior.

consonant + 을까요, 읍시다 예 먹을까요, 먹읍시다
vowel, ㄹ + ㄹ까요, ㅂ시다 예 갈까요, 갑시다, 살까요, 삽시다

연습

마사코 씨의 송별회 준비로 어떤 것이 좋은지 선택해서 제안해 보세요.
Look at the following options for Masako's farewell party and make some decisions and suggestions.

보기	시간	(수요일 오후), 금요일 저녁, 토요일 오후
①	장소	기숙사 휴게실, 학교 앞 식당, 마사코 씨 하숙집
②	초대 손님	학교 친구, 한국 친구, 선생님
③	음식	비빔밥과 된장찌개, 피자와 샐러드, 불고기와 잡채
④	연락 방법	이메일, 전화, 문자, 초대장

A 마사코 씨의 송별회를 언제 할까요?

B 수요일 오후에 합시다.

- 시키다 to order
- 이 인분 two portions
- 물냉면 Mulnaengmyeon (cold buckwheat noodles)
- 송별회 farewell party
- 피자 pizza
- 샐러드 salad
- 연락 방법 method of contact
- 문자 text message
- 초대장 invitation

02 -고 싶다

여러분은 하고 싶은 일을 이야기할 때 어떻게 말합니까?
How do you state what you want to do?

A 오늘 점심에 뭘 먹고 싶어요?

B 저는 불고기를 먹고 싶어요. 같이 한식집에 갑시다.

문법

V + 고 싶다

-고 싶다 is an expression used to indicate that you want to do something.

가 + 고 싶다 → 가고 싶다　　만들 + 고 싶다 → 만들고 싶다

연습

다음 사람들은 무엇을 하고 싶은지 보기와 같이 이야기해 보세요.
Look at the following table and say what the following people want to do?

		마이클	수잔
보기	주말	영화를 보다	집에서 쉬다
①	방학	제주도를 여행하다	가족을 만나러 가다
②	생일	친구들을 집에 초대하다	가족과 같이 저녁을 먹다
③	크리스마스	동생에게 선물을 보내다	크리스마스트리를 만들다
④	졸업 후	한국 회사에서 일하다	여행사에 취직하다

A 마이클 씨, 주말에 무엇을 하고 싶어요?

B 영화를 보고 싶어요. 수잔 씨는요?

A 저는 집에서 쉬고 싶어요.

- 한식집 Korean restaurant
- 크리스마스트리 Christmas tree
- 졸업 graduation
- 일하다 to work
- 여행사 travel agency
- 취직하다 to get a job

Part 1

말해 봅시다

식당 안내책을 보고 식당 정하기 Choosing a restaurant from a restaurant guide book

여러분은 친구와 점심에 근처 식당에 가려고 합니다. 식당 안내책을 보고 식당을 정해 보세요. For lunch you plan to go to a restaurant nearby with a friend. Choose a restaurant from a restaurant guide book.

Try it!

말풍선을 따라 대화를 구성해 보세요.
Look at the speech balloons and make up a dialogue.

왕카이 Ask about the food at the restaurants near the school.

마이클 Talk about the restaurants near the school and the food you want to eat.

1. 먹고 싶은 음식 묻기

- 왕카이: 오늘 점심 | 뭐 | 먹다?
- 마이클: 스파게티 | 먹다 왕카이 씨 | 뭐 | 먹다?

2. 먹고 싶은 음식 말하기

- 왕카이: 저 | 이탈리아 음식 | 먹다
- 마이클: 여기 식당 안내책 | 있다 한번 보다 근처 식당 | 거의 다 있다

3. 안내책의 식당 장점과 단점 말하기

- 왕카이: 어디 | 좋다?
- 마이클: 이타리노 | 맛있다 그런데 비싸다

4. 다른 식당의 장점 말하기

- 왕카이: 또 어디 | 괜찮다?
- 마이클: 스패뉴 | 괜찮다 그 집 | 양 | 많다 식사 후 | 커피 | 주다

5. 식당 위치 묻기

- 왕카이: 여기 | 멀다?
- 마이클: 아니요. 멀다× 정문 근처

6. 식당 정하기

- 왕카이: 좋다 거기 | 가다
- 마이클: 그래요

대화

25

왕카이	마이클 씨, 오늘 점심에 뭘 먹을까요?
마이클	전 스파게티를 먹고 싶어요. 왕카이 씨는 뭘 먹고 싶어요?
왕카이	저도 이탈리아 음식을 먹고 싶어요.
마이클	여기 식당 안내책이 있어요. 한번 보세요. 근처 식당이 거의 다 있어요.
왕카이	어디가 좋아요?
마이클	이타리노가 맛있어요. 그런데 좀 비싸요.
왕카이	또 어디가 괜찮아요?
마이클	스패뉴도 괜찮아요. 그 집은 양이 많아요. 그리고 식사 후에 커피도 줘요.
왕카이	여기에서 멀어요?
마이클	아니요, 멀지 않아요. 정문 근처예요.
왕카이	좋아요. 거기로 가요.
마이클	그래요.

발음 Pronunciation of 의

When 의 appears anywhere other than at the beginning of a word, it is pronounced as [의] or [이].

거의[거의], [거이] 토의하다[토의하다], [토이하다]

표현

■ 식당에 대해 평하기 Evaluating a restaurant

그 식당이 괜찮아요. / 그 식당은 너무 비싸요.
거기는 서비스가 나빠요. / 거기는 음식도 맛있어요. 그리고 깨끗해요.

확장

반 친구와 학교 근처 식당 중 음식을 잘하는 곳에 대해 이야기하고 점심을 먹을 식당을 정해 보세요. With your classmates, talk about which restaurants near school serve good food and decide where to go to for lunch.

이탈리아 **Italy** · 안내책 **guide book** · 거의 **nearly** · 괜찮다 **to be all right, to be good** · 양 **amount** · 정문 **front gate**

Part 2

준비합시다

01 –아/어서

26

여러분이 약속을 지키지 못한 이유를 이야기할 때 어떻게 말하면 좋을까요?
What is the best way to apologize for not keeping an engagement?

A 마이클 씨의 생일 파티에 왜 안 갔어요?

B 아파서 못 갔어요.

문법

A/V + 아/어서

–아/어서 indicates the reason or condition for a state or an action. It is not used with past or future tense word endings.

어간 'ㅏ', 'ㅗ' + 아서 예 많아서, 와서 ※하다 → 해서 예 친절해서

그 외 어간 + 어서 예 먹어서 이다 → consonant + 이어서, 이라서 예 학생이어서, 학생이라서

vowel + 여서, 라서 예 학교여서, 학교라서

연습

다음 일들에 대한 이유를 찾아 연결하고 이야기해 보세요.
Link the following reasons with the appropriate situations or actions.

이유	결과
보기 불고기가 비싸다	• 지난 주말에 연락을 못 했다
① 책이 재미있다	• 불고기를 안 시켰다
② 한국에 친구가 없다	• 이 하숙집을 친구에게 소개했다
③ 주인아주머니가 친절하다	• 한국 생활이 재미없다
④ 지난 주말에 바빴다	• 학교에 안 왔다
⑤ 회의 시간에 늦었다	• 이 책을 또 읽다
⑥ 감기에 걸렸다	• 택시를 탔다

A 왜 불고기를 안 시켰어요?

B 불고기가 비싸서 안 시켰어요.

- 주인아주머니 landlady
- 친절하다 to be kind
- 감기에 걸리다 to catch a cold
- 소개하다 to introduce
- 또 again

02 ㅂ 불규칙

음식의 맛은 한국어로 어떻게 말할까요?
How do we express the taste of food in Korean?

A 김치 맛이 어때요?

B 조금 매워요.

문법

ㅂ 불규칙

When some verbs and adjectives ending with the final consonant ㅂ are followed by a vowel, the ㅂ from the root word is dropped and ㅜ or ㅗ is added instead.

어렵 + 어요 → 어려워요 돕 + 아요 → 도와요

연습

다음의 단어를 사용해서 대화를 완성해 보세요.
Fill in the blanks using the words from the box below.

맵다 · 쉽다 · 춥다 · 어렵다 · 가깝다 · 싱겁다

보기	A 이 소설이 재미있어요? B 네, 재미있어요. 그런데 조금 어려워요.
①	A 이 김치찌개 맛이 어때요? B 조금 ______________. 그렇지만 맛있어요.
②	A 학교에서 하숙집이 멀어요? B 아니요, 멀지 않아요. ______________.
③	A 어제 한국어 시험이 어땠어요? 어려웠어요? B 아니요, 어렵지 않았어요. ______________.
④	A 그 식당의 삼계탕이 어땠어요? 짰어요? B 아니요. ______________ 소금을 더 넣었어요.
⑤	A 오늘 야구를 안 할 거예요? B 네. 날씨가 너무 ______________ 밖에 안 나갈 거예요.

맵다 to be hot/spicy
싱겁다 to be bland
소설 novel
삼계탕 samgyetang (boiled young chicken with ginseng)
더 more
넣다 to add
야구를 하다 to play baseball
날씨 weather

Part 2

말해 봅시다

음식 추천하기 Recommending dishes

여러분은 친구와 같이 식당에 갔습니다. 그 식당의 잘하는 음식을 알려 주고, 먹을 음식을 정해 보세요. You are at a restaurant with a friend. Tell your friend what tastes good at the restaurant and decide what you're going to eat.

Try it!

말풍선을 따라 대화를 구성해 보세요.
Look at the speech balloons and make up a dialogue.

하이안
Talk about some of the well known dishes at a Korean restaurant.

이치로
Ask questions about the dishes and what they taste like, and decide what to order.

1. 맛있는 음식 묻기

하이안: 여기 앉다

이치로: 그런데 이 집 | 뭐 | 맛있다?

2. 유명한 음식의 맛 묻기

하이안: 김치찌개 | 유명하다
갈비탕 | 비빔밥 | 잘하다

이치로: 저 | 갈비탕 | 많이 먹다
비빔밥 | 맛 | 어떻다?
맵다?

3. 먹고 싶은 음식 말하기

하이안: 맵다 ×
야채 | 많다 | 맛있다
뭐 | 먹다?

이치로: 저 | 비빔밥 | 먹다
하이안 씨?

4. 음식 정하기

하이안: 저 | 비빔밥

이치로: 비빔밥 둘 시키다

대화

28

하이안 이치로 씨, 여기 앉읍시다.
이치로 네. 그런데 이 집은 뭐가 맛있어요?
하이안 여기는 김치찌개가 유명해요.
그리고 갈비탕하고 비빔밥도 잘해요.
이치로 전 갈비탕을 많이 먹었어요. 비빔밥은 맛이 어때요? 매워요?
하이안 아니요, 맵지 않아요. 야채가 많아서 맛있어요.
이치로 씨, 뭘 먹고 싶어요?
이치로 전 비빔밥을 먹고 싶어요. 하이안 씨는요?
하이안 저도 비빔밥요.
이치로 그럼, 비빔밥 둘 시킵시다.

표현

■ 음식 맛 말하기 Talking about the taste of food

A : 맛이 어때요?
B : 짜요. / 매워요. / 시어요. / 달아요.

■ 음식의 맛 The taste of food

				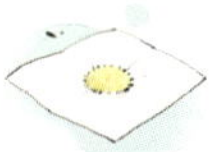
짜다	맵다	시다	달다	쓰다

■ 한국 음식 Korean food

잡채	된장찌개	비빔밥	떡국	물냉면	순두부찌개

확장

반 친구와 식당에 갔습니다. 친구에게 어떤 음식이 맛있는지 이야기하고 그 이유도 말하세요. You have gone to a restaurant with a fried. Tell your friend which dishes are good and why.

김치찌개 **kimchi jjigae (kimchi stew)** 유명하다 **to be famous** 갈비탕 **galbitang (rib soup)**

Part 3

들어 봅시다

학교 방송 듣기 Listening to the school broadcasting station

01 이 사람은 지금 무엇을 하고 있습니까? 무엇에 대해 말하고 있을까요? 서로 이야기해 보세요. What is this person doing now? What is he talking about?

02 다음은 학교 방송의 일부입니다. 잘 듣고 물음에 답하세요. 29
The following is part of the school broadcasting. Listen carefully and answer the questions.

(1) 아나운서는 지금 무엇을 소개하고 있습니까?

① 학생들이 무슨 음료수를 좋아합니까?

② 학생들이 주말에 어디에 자주 갑니까?

③ 학교 근처의 어느 커피숍이 좋습니까?

(2) 여학생이 무엇을 말하지 않았습니까?

① '커피사랑'은 학교 근처에 있습니다.

② '커피사랑'은 맛있지만 조금 비쌉니다.

③ '커피사랑'에서 여러 가지 커피를 팝니다.

(3) 남학생은 '카페 미소'에 왜 자주 갑니까?

① 커피가 쌉니다.

② 친구들이 많이 옵니다.

③ 음악 연주가 좋습니다.

- 아나운서 announcer
- 음료수 drink
- 여러 가지 various kinds
- 연주 playing

읽고 써 봅시다

좋아하는 음식에 대한 글 읽고 쓰기 Reading and writing about favorite foods

01 다음은 무슨 음식인지, 여러분이 좋아하는 음식은 무엇인지 사진을 보고 이야기해 보세요.
Talk about what kinds of food are in the pictures and the foods that you like best.

02 좋아하는 음식에 대한 글입니다. 다음을 읽고 물음에 답하세요. 30
Read the following passage about someone's favorite foods and answer the questions.

떡볶이와 김밥

수잔 씨는 한국 음식을 좋아합니다. 특히 떡볶이와 김밥을 좋아합니다. 처음에는 떡볶이가 매워서 먹지 못했습니다. 그런데 어느 날 학생 식당에서 김밥과 같이 떡볶이를 먹었습니다. 아주 맛있었습니다. 그다음부터 떡볶이와 김밥을 먹으러 학생 식당에 자주 갔습니다.

지난 방학에 수잔 씨는 고향에 가족을 만나러 갔습니다. 그리고 여러 가지 음식을 많이 먹었습니다. 그런데 계속 떡볶이와 김밥이 생각났습니다. 정말 먹고 싶어서 한국 식당에 갔습니다. 그렇지만 맛이 없었습니다.

수잔 씨는 3주 후에 한국에 돌아왔습니다. 그리고 제일 먼저 한국 친구에게 전화했습니다. "계속 떡볶이와 김밥이 생각났어요. 오늘 학생 식당에 갈까요?"라고 말했습니다. 친구는 크게 웃었습니다. 그리고 "그래요. 그런데 ㉠ 수잔 씨는 정말 한국 사람이 다 되었어요."라고 말했습니다.

(1) 맞는 것에 ✔표 하세요.

① 수잔 씨는 처음부터 떡볶이를 잘 먹었습니다. 네 ____ 아니요 ____
② 수잔 씨의 고향에 한국 식당이 있습니다. 네 ____ 아니요 ____
③ 수잔 씨는 한국에 온 후 제일 먼저 떡볶이를 만들었습니다. 네 ____ 아니요 ____

(2) 수잔 씨의 친구가 왜 ㉠처럼 말했습니까?

어느 날 one day
학생 식당 school cafeteria
그다음부터 since then
생각나다 to come to mind
크게 웃다 to laugh out loud

03 여러분은 어떤 음식을 좋아합니까? 좋아하는 음식을 소개하는 글을 써 보세요.
What foods do you like? Write a passage about some of your favorites.

문화 알아보기

Kimchi 김치

김치는 한국의 대표적인 음식 중의 하나입니다. 김치는 무나 배추, 오이 등의 야채를 소금에 절인 후에 양념을 해서 만듭니다. 김치를 처음 먹기 시작했을 때는 고춧가루를 사용하지 않았습니다. 그런데 17세기 이후 한국에 고추가 들어온 다음에 김치에 고춧가루를 넣기 시작했습니다. 김치는 지방에 따라 맛도 다르고 종류도 다양합니다. 보통 많이 먹는 김치는 배추김치, 깍두기, 물김치, 동치미, 오이김치 등입니다. 그리고 김치는 찌개, 만두, 김밥 등 여러 음식의 재료로도 많은 사랑을 받고 있습니다.

Kimchi is a representative Korean food. It is made by salting vegetables such as cabbages, radishes or cucumbers, seasoning them with various spices, and leaving them to ferment. Originally red pepper powder was not added to kimchi. It only became a major ingredient after the 17th century when red peppers were introduced to the country. The taste of kimchi varies according to region and many different varieties of kimchi are made. The most common varieties include cabbage kimchi, radish kimchi, water kimchi, radish water kimchi, and cucumber kimchi. Kimchi is also used as a major ingredient in stews, dumplings, kimbap (rice rolled in laver) and many other dishes.

01 김치는 무엇으로 어떻게 만듭니까? 서로 이야기해 보세요.
Talk about how kimchi is made and what it is made of.

02 여러분 나라의 음식 중 대표적인 음식에는 무엇이 있습니까? 그 음식에 대해서 이야기해 보세요. Talk about the representative food of your country.

문학 맛보기

Folk tale 호랑이와 곶감

01 다음 동물들이 좋아하는 음식은 무엇인지 말해 보세요.
Talk about the food that the following animals like.

① 
② 
③ 

02 한국의 전래동화 「호랑이와 곶감」을 읽으면서 호랑이가 가장 무서워한 것은 무엇이었는지 생각해 보세요. Read the following Korean folk tale "호랑이와 곶감" and think about what scares the tiger the most. 31

호랑이와 곶감

옛날에 어떤 집에 호랑이가 왔습니다. 그런데 그 집의 아이가 울고 있었습니다. 엄마가 아이에게 "울면 호랑이가 올 거야."라고 말했습니다. 그런데 아이는 엄마 말을 들은 후에도 계속 울었습니다. 엄마가 이번에는 "울면 곶감 안 줄 거야."라고 말했습니다. 그 말을 듣고 아이가 울지 않았습니다. 이것을 보고 호랑이는 '곶감? 곶감이 제일 무서운 동물이구나.'라고 생각했습니다. 그래서 호랑이는 곶감이 무서워서 그 집에서 도망쳤습니다.

03 여러분 나라의 동물과 관련된 음식 이야기를 친구들과 함께 이야기해 보세요.
Talk about folk tales from your country that feature animals and food.

호랑이 tiger　곶감 sweet dried persimmon　울다 to cry　무섭다 to be frightening　도망치다 to run away

제11과

교통

Transportation

제 11 과 교통 Transportation

Part 1

준비합시다 — 1 (으)로(means) 2 ㄷ 불규칙 3 에서 ~ 까지

말해 봅시다 — 목적지까지 가는 방법 묻기
Asking how to get to the destination

Part 2

준비합시다 — 1 -(으)려고 하다 2 -(으)십시오

말해 봅시다 — 길 묻기
Asking for directions

Part 3

들어 봅시다 — 기차표 예매하는 대화 듣기
Listening to a conversation about booking a train ticket

읽고 써 봅시다 — 관광 코스 소개의 글 읽고 쓰기
Reading and writing about a tourist course

CULTURE & LITERATURE

문화 알아보기 — 서울의 대중교통 Public transport in Seoul

문학 맛보기 — 민요 Folk song 「아리랑」

Part 1

준비합시다

01 (으)로(means)

32

여러분은 학교에 무엇을 타고 갑니까? 그 교통수단을 말할 때 어떻게 말할까요?
How do you get to school? How do you talk about different means of transportation?

A 마이클 씨는 학교에 어떻게 가요?

B 버스로 가요. 요코 씨는요?

A 저는 지하철로 가요.

문법

N + (으)로

(으)로 is a particle indicating the means or method by which some action takes place.

consonant + 으로 예 트럭으로

vowel, ㄹ + 로 예 비행기로, 지하철로

연습

다음의 장소에 어떻게 가는지 이야기해 보세요.
Talk about the way to get to the following places.

보기 공원

① 회사

② 공항

③ 우체국

- 버스 bus
- 지하철 subway
- 자전거 bicycle

A 공원에 어떻게 가요?

B 공원에 자전거로 가요. 집에서 가까워요.

02 ㄷ 불규칙

여러분은 가까운 거리도 차를 타고 갑니까, 아니면 걸어서 갑니까?
Do you drive to places close by or walk?

A 백화점에 차로 갈까요?

B 아니요, 걸어서 갑시다. 여기에서 멀지 않아요.

문법

ㄷ 불규칙

When some verbs ending in ㄷ are followed by a word starting with a vowel, the ㄷ is changed to ㄹ.

걷 + 어서 → 걸어서   듣 + 어요 → 들어요

연습

다음의 단어를 사용해서 대화를 완성하세요.
Complete the sentences using the words below.

듣다 · 묻다 · 걷다

보기	**A** 우리 어떤 음악을 들을까요? **B** 저는 한국 가요를 듣고 싶어요. 이 노래를 같이 들읍시다.
①	**A** 어서 오세요, 요코 씨. 집을 쉽게 찾았어요? **B** 아니요. 길을 잘 몰라서 경찰관에게 ______________ .
②	**A** 한국어를 잘하고 싶어요. 어떻게 공부할까요? **B** 수업 시간에 선생님 말씀을 잘 ______________ . 그리고 숙제도 열심히 하세요.
③	**A** 왜 그래요? 어디 아파요? **B** 네. 어제 너무 많이 ______________ 다리가 아파요.
④	**A** 이번 주 금요일에 우리 반 모임이 있어요. **B** 저도 알아요. 어제 티엔 씨에게 ______________ .

- 가요 popular song
- 쉽게 easily
- 찾다 to find

Part 1

03 에서 ~ 까지

34

출발 지점과 도착 지점을 어떻게 말할까요?
How do we talk about the point of departure and the destination?

A 요코 씨, 서울에 어떻게 왔어요?

B 오사카에서 서울까지 비행기로 왔어요.
그리고 공항에서 학교까지 공항버스로 왔어요.

문법

N + 에서 ~ N + 까지

에서~까지 are particles used to express the point of departure and the destination (ie. 'from' and 'to').

서울에서 부산까지　　프랑스에서 이탈리아까지

연습

서울의 여러 곳에 어떻게 가면 좋은지 말해 보세요.
Talk about the best way to get to various places in Seoul.

보기 호텔 앞

① 명동

② 경복궁

③ 63빌딩

④ 롯데월드

A 호텔에서 명동까지 어떻게 가요?

B 걸어서 가세요. 아주 가까워요.

- 공항버스 airport bus
- 명동 Myeong-dong
- 63빌딩 63 Building
- 롯데월드 Lotte World

어휘

교통수단 Means of transportation

35

버스

지하철

기차

자동차

택시

비행기

배

트럭

자전거

오토바이

교통 관련 어휘 Transport related words

길을 건너다

버스를 타다

버스에서 내리다

지하철을 갈아타다

지하철역

버스정류장

기차역

공항

교통카드

육교

지하도

횡단보도

Part 1

말해 봅시다

목적지까지 가는 방법 묻기 Asking how to get to the destination

여러분은 연극을 보러 대학로에 가려고 합니다. 친구에게 대학로까지 가는 방법을 물어 보세요. You are planning to go to Daehak-ro to see a play. Ask a friend how to get there.

Try it!

말풍선을 따라 대화를 구성해 보세요.
Look at the speech balloons and make up a dialogue.

마이클
Ask how to get to Daehak-ro.

수진
Tell how to get from Ewha Womans University to Daehangno by subway.

1. 교통수단 묻기

대학로 | 연극 | 보러 가다
학교 | 대학로 | 어떻게 가다?

지하철 | 가다
토요일 | 길이 막히다

2. 가는 방법 묻기

지하철 | 어떻게 가다?

이대역 | 2호선 | 타다
동대문역사문화공원역 | 4호선 | 갈아타다
혜화역 | 내리다

3. 소요 시간 묻기

시간 | 얼마나 걸리다?

30분쯤 걸리다

4. 인사하기

멀지 않다
고맙다

연극 재미있게 보다

대화

36

마이클 오늘 제가 대학로에 연극을 보러 갈 거예요.
그런데 학교에서 대학로까지 어떻게 가요?

수진 지하철로 가세요. 오늘은 토요일이라서 길이 막힐 거예요.

마이클 지하철로 어떻게 가요?

수진 이대역에서 2호선을 타세요.
그리고 동대문역사문화공원역에서 4호선으로 갈아타세요.
혜화역에서 내리세요.

마이클 대학로까지 시간이 얼마나 걸려요?

수진 30분쯤 걸려요.

마이클 여기에서 멀지 않군요. 고마워요.

수진 연극 재미있게 보세요.

발음 **Nasalization ②**

When the final consonant ㄱ is followed by ㄴ or ㅁ, it is pronounced as [ㅇ]. The ㄹ that immediately follows ㄱ is pronounced as [ㄴ].

국물 [궁물]　　대학로 [대항노]

표현

■ 지하철 이용 방법 말하기 Giving directions on using the subway

이대역에서 지하철 2호선을 타세요.
동대문역사문화공원역에서 4호선으로 갈아타세요.

■ 소요 시간 말하기 Saying how long something takes

A : 대학로까지 시간이 얼마나 걸려요?
B : 지하철로 30분쯤 걸려요.

확장

서울의 지하철 노선도를 보고 경복궁이나 서울역 등에 어떻게 가는지 대화를 해 보세요. Look at a Seoul subway map and give directions on how to get to Gyeongbokgung or Seoul Station.

· 대학로 **Daehak-ro** · 길이 막히다 **streets are jammed** · 동대문역사문화공원역 **Dongdaemun History & Culture Park Station**
· 혜화역 **Hyehwa Station**

Part 2

준비합시다

01 -(으)려고 하다

37

여러분이 수업 후에 무엇을 하려고 하는 의향을 나타낼 때 어떻게 말할까요?
How do you say what you plan to do after class?

A 요코 씨, 오늘 수업 후에 뭐 할 거예요?

B 동대문 시장에 가려고 해요. 수진 씨는요?

A 저는 도서관에서 공부하려고 해요.

문법

V + (으)려고 하다

-(으)려고 하다 is an expression indicating one's intent to do something.

consonant + 으려고 하다 예 먹으려고 하다, 읽으려고 하다
vowel, ㄹ + 려고 하다 예 가려고 하다, 살려고 하다

연습

다음 사람들의 계획과 그 계획을 위해서 준비하고 있는 것을 말해 보세요.
Talk about the following people's plans and what preparations they are making.

	이름	계획	준비
보기	마이클	차를 사다	저축하다
①	요코	살을 빼다	운동하다
②	수진	여행사에 취직하다	외국어를 공부하다
③	미셸	콘서트를 하다	노래 연습을 하다
④	나타샤	운전면허증을 따다	운전 학원에 다니다
⑤	티엔	대학교에 입학하다	열심히 공부하다
⑥	왕카이	유럽 여행을 하다	유럽 역사를 공부하다

A 마이클 씨는 올해 어떤 계획이 있어요?

B 저는 차를 사려고 해요. 그래서 요즘 열심히 저축하고 있어요.

- 올해 this year
- 열심히 hard
- 저축하다 to save
- 살을 빼다 to lose weight
- 콘서트 concert
- 유럽 Europe

02 -(으)십시오

38

다른 사람에게 무엇을 정중하게 알려 줄 때는 어떻게 말할까요?
What is the polite way to suggest something or tell someone what to do?

A 지하철역에 어떻게 갑니까?

B 똑바로 가십시오. 그리고 사거리에서 오른쪽으로 가십시오.

문법

V + (으)십시오

-(으)십시오 is the polite way to tell someone to do something or suggest some course of action. -지 마십시오 is the polite way to tell someone not to do something.

consonant + 으십시오 예 읽으십시오, 앉으십시오
vowel, ㄹ + 십시오 예 가십시오, 만드십시오

연습

다음 표지를 보고 맞는 것을 찾아 말해 보세요.
What is the meaning of the following sign?

· 조용히 하다 · 안전벨트를 매다 · 주차하다 · 담배를 피우다
· 쓰레기를 버리다 · 음식물을 먹다 · 손을 대다

보기  안전벨트를 매십시오.

① 

② 

③ 

④ 

⑤ 

⑥ 

사거리 intersection, junction
안전벨트를 매다 to put on one's seat belt
조용히 하다 to be quiet
주차하다 to park
담배를 피우다 to smoke a cigarette
쓰레기 garbage
버리다 to throw away
음식물 food
손을 대다 to touch

Part 2

말해 봅시다

길 묻기 Asking for directions

우체국에 가려고 합니다. 어떻게 가는지 경찰관에게 물어보세요.
Ask the policeman the way to the post office.

Try it!

말풍선을 따라 대화를 구성해 보세요.
Look at the speech balloons and make up a dialogue.

마이클
Ask the way to the post office.

경찰관
Give directions to the post office.

1. 길 묻기

실례하다
길 좀 묻다
근처 | 우체국 | 있다?

네, 사거리 오른쪽 | 있다

2. 가는 방법 묻고 말하기

여기 | 어떻게 가다?

똑바로 200m 가다
그러면 주유소 | 있다
주유소 | 오른쪽 | 가다
사거리 | 나오다

3. 정보 확인하기

사거리 | 우체국 | 있다?

사거리 | 횡단보도 | 건너다
바로 우체국 | 있다

4. 인사하기

감사하다

별말씀을요

대화

39

마이클	저, 실례합니다. 길 좀 묻겠습니다. 근처에 우체국이 있습니까?
경찰관	네. 사거리 오른쪽에 있습니다.
마이클	여기에서 어떻게 갑니까?
경찰관	똑바로 200m쯤 가십시오. 그러면 주유소가 있습니다. 주유소에서 오른쪽으로 가십시오. 사거리가 나올 겁니다.
마이클	그 사거리에 우체국이 있습니까?
경찰관	사거리에서 횡단보도를 건너세요. 그러면 바로 우체국이 있습니다.
마이클	정말 감사합니다.
경찰관	별말씀을요.

표현

■ 길 묻기 Asking for directions

저, 실례합니다. 길 좀 묻겠습니다.
저, 죄송하지만 길 좀 가르쳐 주세요.
여기에서 어떻게 갑니까?

■ 감사 표현하기 Expressing gratitude

A : 정말 감사합니다. / 도와주셔서 정말 감사합니다.
B : 별말씀을요.

확장

앞 그림을 보고 꽃집, 은행, 버스정류장에 어떻게 가는지 대화를 해 보세요.
Look at the picture above and give directions to the florist, the bank, and the post office.

주유소 gas station

Part 3

들어 봅시다

기차표 예매하는 대화 듣기 Listening to a conversation about booking a train ticket

01 이 사람들은 어디에서 무엇을 하고 있는지 함께 이야기해 보세요.
Talk about what the people below are doing and where.

02 기차역에서 기차표를 예매하는 대화입니다. 잘 듣고 물음에 답하세요. 40
Someone is booking a train ticket. Listen carefully to the conversation and answer the questions.

(1) 이 사람이 예매한 기차표로 맞는 것을 고르세요.

①	②	③	④
서울 → 부산	서울 → 부산	서울 → 부산	서울 → 부산
출발시간 : 10:00	출발시간 : 10:50	출발시간 : 10:00	출발시간 : 10:50
도착시간 : 12:50	도착시간 : 13:40	도착시간 : 12:50	도착시간 : 13:40
금액 : 52,200원	금액 : 52,200원	금액 : 51,200원	금액 : 51,200원

(2) 다음 중 맞는 것을 고르세요.

① 요코 씨는 기차표를 한 장 샀습니다.
② 요코 씨는 새마을호를 예매했습니다.
③ 요코 씨는 다음 주에 부산에 갑니다.
④ 토요일 오후 기차표는 매진입니다.

금액 cost
매진이다 to be sold out
새마을호 Saemaul express (train)

읽고 써 봅시다

관광 코스 소개의 글 읽고 쓰기 Reading and writing about a tourist course

01 다음은 서울의 관광지 중 하나입니다. 어디인지, 무엇이 있는지 지도를 보고 이야기해 보세요. The following is a tourist site in Korea. Look at the map and talk about where it is and what attractions there are.

02 서울의 관광 코스를 소개하는 글입니다. 다음을 읽고 물음에 답하세요. (41)
The following passage is about a tourist course in Seoul. Read it and answer the questions.

> **경복궁에서 청와대까지의 관광 코스**
>
> 여러분은 경복궁에서 청와대까지의 관광 코스를 알고 있습니까? 이곳은 걸어서 관광할 수 있습니다. 먼저 지하철 3호선을 타십시오. 그리고 경복궁역에서 내린 다음에 5번 출구로 나오십시오. 그러면 경복궁이 있습니다. 경복궁에서 옛 궁궐과 박물관을 구경하십시오. 경복궁을 관람한 후에는 삼청동 길을 걸으십시오. 삼청동은 맛집과 카페, 한국의 전통 한옥이 많습니다. 또 옷집, 신발 가게가 많아서 사람들이 쇼핑하러 많이 갑니다. 삼청동에서 식사를 한 다음에 근처를 구경하십시오. 그리고 청와대 쪽으로 가십시오. 청와대에는 한국의 대통령이 살고 있습니다. 청와대를 구경하고 싶으십니까? 그러면 청와대 홈페이지에서 미리 예약하십시오.
>
> 경복궁에서 청와대까지의 여행, 어떻습니까? 여러분도 한번 가 보십시오.

- 출구 exit
- 옛 past
- 궁궐 palace
- 삼청동 Samcheong-dong
- 맛집 gourmet restaurants
- 한옥 traditional Korean house
- 청와대 Cheong Wa Dae (presidential residence)
- 대통령 president
- 홈페이지 homepage
- 미리 beforehand
- 예약하다 to reserve

(1) 이 글에서 소개하는 관광 코스를 순서대로 쓰세요.

(2) 맞는 것에 ✓표 하세요.

① 삼청동에는 식당이 많습니다. 네 ______ 아니요 ______

② 한국의 대통령은 경복궁에서 삽니다. 네 ______ 아니요 ______

③ 경복궁에서 청와대까지 걸어서 관광합니다. 네 ______ 아니요 ______

03 여러분이 알고 있는 좋은 관광 코스를 소개하는 글을 써 보세요.
Write a passage about one of your favorite tourist courses.

문화 알아보기

Public transport in Seoul 서울의 대중교통

서울은 정치, 경제, 문화, 교육, 교통 등 생활의 중심지로 지하철, 버스, 택시 등 대중교통이 잘 발달되어 있습니다. 사람들이 많이 이용하는 대중교통 중의 하나인 지하철은 9호선까지 있습니다. 그리고 서울의 여러 곳으로 잘 연결되어 있어서 원하는 곳까지 쉽게 갈 수 있습니다. 버스도 중요한 대중교통 수단인데, 특히 서울에는 버스중앙차로가 있어 길이 막히는 출퇴근 시간에도 빨리 갈 수 있습니다. 또한 지하철과 버스는 서로 환승이 되기 때문에 요금도 쌉니다. 급한 일이 있거나 빨리 움직여야 할 때는 택시도 좋습니다. 서울에는 택시도 많아서 어디서든지 쉽게 택시를 잡을 수 있고 요금도 비싸지 않습니다.

As the political, economic, cultural, educational and transport center of Korea, Seoul has a well developed public transport system that includes the subway, buses and taxis. The subway, which is used by a large number of people, has nine lines that cover all parts of the city making it easy to get to any destination. Buses are also an important form of public transport and thanks to dedicated bus lanes travel on the bus is fast even in the morning and evening rush hours. Fares are discounted on transfers between buses and the subway. For emergencies or to get somewhere in a hurry taxis are a good option. There are many taxis in Seoul so it is easy to catch one anywhere on the street, and the fares are not expensive.

01 서울에서 볼 수 있는 대중교통들의 장점은 각각 무엇입니까?
What are the advantages of each form of public transport available in Seoul?

02 여러분 나라의 대중교통에는 무엇이 있는지, 어떤 특징이 있는지 소개해 보세요.
What forms of public transport are available in your country and what are their characteristics?

문학 맛보기

Folk song **아리랑**

01 여러분은 이별할 때 떠나가는 님을 어떤 마음으로 보내줬습니까? 친구들과 이야기해 보세요.
How did you feel when you parted from a lover? Talk about this with your classmates.

02 떠나가려고 하는 연인에게 어떤 말을 하는지 한국의 대표적인 민요 「아리랑」을 낭송하면서 감상하세요. Recite and reflect on Korea's major folk song "아리랑" which expresses a person's feelings in saying goodbye to a lover. 42

아리랑

작자 미상

아리랑 아리랑 아라리요 아리랑 고개로 넘어간다
나를 버리고 가시는 님은 십 리도 못 가서 발병난다

Tip 아리랑 : As the major Korean folk song handed down orally since ancient times, Arirang has been varied and changes along the way. One of the songs that best expresses the sentiment of the Korean people, it is also sung to various lyrics and rhythms. Aside from the Gyeonggi-do version, which is the most well known and well loved, other famous versions are "Jeongseon Arirang" from Gangwon-do, "Jindo Arirang" from the Honam region, and "Miryang Arirang" from the Gyeongsangnam-do region.

03 아리랑은 한국의 대표적인 노래이면서, 한국의 대표적인 정서입니다. 친구들과 불러 보세요.
Arirang is a representative Korean folk song which speaks of the common sentiment of the Korean people. Try singing the song with your friends.

아리랑

경기 민요

넘어가다 to go over　님 lover　십 리 ten li (about 4 kilometers)　발병나다 to get sore feet

제12과

날씨

Weather

제 12 과 날씨 Weather

Part 1
준비합시다 **1** -고 **2** (이)나 **3** -(으)면
말해 봅시다 날씨 고려하여 주말 계획 세우기
Making plans for the weekend according to the weather

Part 2
준비합시다 **1** -(으)ㄴ/는 **2** -겠-
말해 봅시다 여행할 도시의 날씨 정보 얻기
Getting weather information on a travel destination

Part 3
들어 봅시다 일기 예보 듣기
Listening to the weather report
읽고 써 봅시다 이메일 읽고 쓰기
Reading and writing email

CULTURE & LITERATURE

문화 알아보기 한국의 여름 Summer in Korea
문학 맛보기 전래동화 Folk tale「청개구리」

Part 1

준비합시다

01 -고

한국 여름 날씨의 여러 특징을 나열할 때 어떻게 말할까요?
How do we list the characteristics of summer weather in Korea?

43

A 한국의 여름 날씨는 어때요?

B 덥고 비가 자주 와요.

문법

A/V + 고

-고 is a word ending that is used to connect two or more actions or situations regardless of time or sequence.

맑다 + 따뜻하다 → 맑고 따뜻하다　　비가 오다 + 춥다 → 비가 오고 춥다

연습

다음은 세계 여러 도시의 내일 날씨입니다. 각 도시의 내일 날씨와 기온을 말해 보세요.
The following shows tomorrow's weather in major cities of the world. What is tomorrow's temperature and weather in each city?

보기	런던		- 2℃	①	베이징		- 5℃
②	뉴욕		3℃	③	방콕		25℃
④	LA		7℃	⑤	시드니		17℃
⑥	토론토		- 8℃	⑦	모스크바		- 16℃
⑧	파리		- 1℃	⑨	도쿄		- 1℃
⑩	상파울루		17℃	⑪	카이로		12℃

A 내일 런던의 날씨는 어때요?

B 내일 런던은 흐리고 기온이 영하 2도(℃)쯤 될 거예요.

- 여름 summer
- 비가 오다 it rains
- 기온 temperature
- 영하 below zero
- 도(℃) degrees Celcius

어휘

계절 Seasons

44

봄

여름

가을

겨울

날씨 Weather

눈이 오다

눈이 그치다

비가 오다

비가 그치다

맑다

흐리다

바람이 불다

안개가 끼다

따뜻하다

덥다

쌀쌀하다

춥다

Part 1

준비합시다

02 (이)나

자주 먹는 몇 가지 음식을 나열해서 이야기할 때 어떻게 말할까요?
How do we list the various foods that we like to eat?

A 점심에 보통 뭘 먹어요?

B 비빔밥이나 김치찌개를 먹어요.

문법

N + (이)나 + N

(이)나 is a particle used to indicate a choice between a list of two or more things.

consonant + 이나 예 비빔밥이나 김밥
vowel + 나 예 김치찌개나 된장찌개

연습

다음을 보고 각 계절의 활동과 여행지에 대해서 말해 보세요.
Look at the following table and talk about the activities and travel destinations for each season.

	계절	여행지	활동
보기	봄	제주도 / 진해	꽃구경을 하다
①	여름	강릉 / 부산	바닷가에서 수영하다
②	가을	설악산 / 속리산	단풍놀이를 하다
③	겨울	무주 / 용평	스키를 타다

A 봄에 한국 사람들은 주로 뭘 해요?

B 꽃구경을 하러 가요.

A 어디에 많이 가요?

B 제주도나 진해에 많이 가요.

- 진해 Jinhae
- 꽃구경을 하다 to go to look at flowers
- 강릉 Gangneung
- 속리산 (Mt.) Songnisan
- 단풍놀이를 하다 to go to see the autumn leaves
- 무주 Muju
- 용평 Yongpyeong
- 스키를 타다 to ski

03 -(으)면

어떤 계획을 실행하기 위한 조건을 어떻게 말할까요?
How do we talk about the necessary conditions to carry out a plan?

A 마이클 씨, 내일 등산을 갈 거예요?

B 네, 날씨가 좋으면 등산을 갈 거예요. 그렇지만 비가 오면 집에서 쉴 거예요.

문법

A/V + (으)면

-(으)면 is a word ending that indicates a condition or hypothesis regarding the following content.

consonant + 으면 예 맑으면, 좋으면

vowel, ㄹ + 면 예 흐리면, 살면

연습

다음 상황을 가정해서 계획을 말해 보세요.
Make plans with the following hypothetical situations.

주말 계획	보기	친구가 전화하다 ⇨ 친구와 영화를 보다 친구가 전화 안 하다 ⇨ 집에서 텔레비전을 보다	①	날씨가 덥다 ⇨ 수영하러 가다 비가 오다 ⇨ 볼링을 치러 가다
휴가 계획	②	비행기 표가 있다 ⇨ 고향에 가다 비행기 표가 없다 ⇨ 집에서 쉬다	③	휴가가 길다 ⇨ 유럽 여행을 하다 휴가가 짧다 ⇨ 국내 여행을 하다
졸업 후 계획	④	남자 친구가 청혼하다 ⇨ 결혼하다 남자 친구가 청혼 안 하다 ⇨ 유학을 가다	⑤	돈이 있다 ⇨ 사업을 시작하다 돈이 없다 ⇨ 취직하다

A 주말에 뭐 할 거예요?

B 친구가 전화하면 친구와 같이 영화를 볼 거예요.
그렇지만 친구가 전화를 안 하면 집에서 텔레비전을 볼 거예요.

- 등산을 가다 **to go hiking**
- 볼링을 치다 **to go bowling**
- 유럽 여행 **travel in Europe**
- 국내 여행 **domestic travel**
- 청혼하다 **to propose**
- 유학을 가다 **to study overseas**
- 사업 **business**

Part 1

말해 봅시다

날씨 고려하여 주말 계획 세우기 Making plans for the weekend according to the weather

친구와 주말 날씨를 고려하여 주말 계획을 세워 보세요.
Make plans for the weekend taking the weather into account.

Try it!

말풍선을 따라 대화를 구성해 보세요.
Look at the speech balloons and make up a dialogue.

마이클 Suggest something for the weekend and make plans.	요코 Listen to your friend's suggestion and make plans for the weekend.

1. 주말 계획 묻기

주말 | 시간 있다?

네
왜?

2. 주말 계획 제안하기

날씨 | 좋다 → 산 | 가다
같이 가다

좋다
눈이 오다 + 춥다 → 어떻게 하다?

3. 날씨에 따라 계획 세우기

눈이 오다 →
스키 | 보드 | 타러 가다

저 | 스키 | 못 타다
잘 타다 → 가르쳐 주다

4. 약속하기

좋다
스키 | 타다 + 사진 | 찍다

금요일 | 전화하다

대화

47

마이클	요코 씨, 이번 주말에 시간 있어요?
요코	네, 시간 있어요. 왜요?
마이클	주말에 날씨가 좋으면 산에 가려고 해요. 같이 갑시다.
요코	네, 좋아요. 그런데 주말에 눈이 오고 추우면 어떻게 해요?
마이클	눈이 오면 스키나 보드를 타러 가요.
요코	그런데 저는 스키를 못 타요. 마이클 씨가 스키를 잘 타면 가르쳐 주세요.
마이클	좋아요. 같이 스키도 타고 사진도 찍어요.
요코	네. 그럼 금요일에 전화하세요.

표현

- 부탁하기 Making a request

스키를 잘 타면 가르쳐 주세요.
전화번호를 알면 말해 주세요.

확장

날씨를 고려하여 여름 휴가 계획을 세우는 대화를 해 보세요.
Have a conversation about summer vacation plans taking the weather into consideration.

스키를 잘 타다 **to ski well** · 스키를 못 타다 **to ski badly** · 가르쳐 주다 **to teach**

Part 2

준비합시다

01 -(으)ㄴ/는

48

어떤 사람을 좋아하는지 설명할 때 어떻게 말할까요?
How do you describe the type of person you like?

A 요코 씨는 어떤 사람을 좋아해요?

B 키가 큰 사람을 좋아해요. 그리고 친절한 사람을 좋아해요.

문법

A + (으)ㄴ/는 + N

-(으)ㄴ/는 is added to the end of adjectives to modify a noun and indicates the present state of that noun.

consonant + 은 예 작은, 많은, 높은 vowel, ㄹ + ㄴ 예 큰, 긴

있다, 없다 + 는 예 있는, 없는, 재미있는

연습

다음을 보고 좋아하는 것에 대해 묻고 대답해 보세요.
Look at the table and ask and answer questions about the qualities that you like.

		사람	음식	자동차	하숙집
보기	티엔	마음이 따뜻하다	맵다	멋있다	조용하다
①	안드레아	똑똑하다	싱겁다	크다	가깝다
②	진차오	예쁘고 착하다	짜다	안전하다	넓다
③	수잔	재미있다	달다	작고 싸다	깨끗하다

A 티엔 씨, 어떤 사람을 좋아해요?

B 저는 마음이 따뜻한 사람을 좋아해요.

- 마음이 따뜻하다 to be warm-hearted
- 조용하다 to be quiet
- 똑똑하다 to be smart
- 착하다 to be good-natured
- 안전하다 to be safe
- 넓다 to be wide
- 깨끗하다 to be clean

02 -겠-

어떤 상황을 근거로 추측해서 이야기할 때 어떻게 말할까요?
How do you talk about a supposition based on a certain situation?

A 마이클 씨, 제가 케이크를 만들었어요. 같이 먹어요.

B 그래요? 정말 맛있겠어요.

문법

A/V + 겠

-겠- is a word ending used when making a supposition based on a certain state or situation.

흐리 + 겠어요 → 흐리겠어요　　춥 + 겠습니다 → 춥겠습니다

연습

다음 상황에서 친구의 상태를 추측해서 말해 보세요.
Look at the following situations and make a supposition about your friends' state.

	상황	추측
보기	어젯밤에 더워서 잠을 못 잤다	피곤하다 / 졸리다
①	아버지가 편찮으시다	걱정되다 / 마음이 아프다
②	어제 등산을 갔다	피곤하다 / 다리가 아프다
③	다음 주에 시험을 볼 거다	걱정되다 / 스트레스를 받다
④	한국 회사에 취직했다	기쁘다 / 기분이 좋다 / 행복하다
⑤	어제 친구를 2시간 동안 기다렸다	화가 났다 / 기분이 나빴다

A 어젯밤에 너무 더워서 잠을 못 잤어요.

B 그럼 피곤하겠어요. 오늘은 집에 일찍 가세요.

- 졸리다 to be sleepy
- 편찮다 to be uneasy
- 걱정되다 to be worried
- 마음 heart
- 다리 leg
- 스트레스를 받다 to get stressed
- 기쁘다 to be happy
- 화가 나다 to be angry
- 기분이 나쁘다 to be in a bad mood

Part 2

말해 봅시다

여행할 도시의 날씨 정보 얻기 Getting weather information on a travel destination

호주 시드니로 여행을 가려고 합니다. 시드니에서 온 친구에게 시드니의 여름 날씨에 대한 정보를 얻으세요. You plan to travel to Sydney, Australia. Ask a friend from Sydney what the weather is like there in summer.

Try it!

말풍선을 따라 대화를 구성해 보세요.
Look at the speech balloons and make up a dialogue.

수진
You plan to go to Sydney. Ask for information about the city.

크리스
Tell your friend about Sydney's weather.

1. 여행 계획 말하기

크리스마스 | 시드니 | 여행 | 가다

좋다!

2. 날씨 정보 구하기

12월 | 시드니 날씨 | 어떻다?

12월~2월 여름
기온 | 25~30℃ 되다
습도 낮다 → 서울보다 덥지×

3. 옷 조언 구하기

어떤 옷 | 준비하다?

시원하다 | 옷 | 준비하다
밤 | 쌀쌀하다
길다 | 바지 + 얇다 | 카디건 | 준비하다

4. 준비물 조언 구하기

또 필요한 것 | 있다?

낮 | 해 | 뜨겁다
선크림 | 준비하다
선글라스 + 모자 | 준비하다

대화

수진 제가 크리스마스에 시드니에 여행을 가려고 해요.
크리스 그래요? 정말 좋겠어요.
수진 그런데 12월에 시드니 날씨는 어때요?
크리스 시드니는 12월부터 2월까지 여름이에요.
기온이 보통 25℃에서 30℃쯤 돼요. 그렇지만 시드니는
습도가 낮아서 서울의 여름보다 덥지 않아요.
수진 그래요? 그럼 어떤 옷을 준비하는 게 좋아요?
크리스 시원한 옷을 준비하세요. 그렇지만 밤에는 조금 쌀쌀해요.
긴 바지와 얇은 카디건도 준비하세요.
수진 또 필요한 게 있어요?
크리스 네. 낮에는 해가 뜨거워요. 선크림을 꼭 준비하세요.
그리고 선글라스와 모자도 준비하는 게 좋아요.

50

발음 **Tensification ③**

When ㄱ, ㄷ, ㅂ, ㅅ, ㅈ are immediately preceded by final consonant's sounds [ㄱ], [ㄷ], [ㅂ] they are pronounced as [ㄲ], [ㄸ], [ㅃ], [ㅆ], [ㅉ].

덥지 않아요 [덥찌아나요]　덥겠어요 [덥께써요]

표현

- 여행 준비물 조언 구하기 Asking advice on travel preparations

뭘 준비할까요?
뭐가 필요해요?
또 필요한 게 있어요?
어떤 옷을 준비하는 게 좋아요?

확장

방학 동안 반 친구의 고향에 놀러 가려고 합니다. 그 친구에게 날씨와 준비해야 할 것에 대해 물어보세요. You plan to visit a friend's hometown during the summer vacation. Ask your friend about the weather and what you need to take.

습도가 높다 **to be humid**　시원하다 **to be cool**　얇다 **to be thin**　카디건 **cardigan**　해 **sun**　뜨겁다 **to be hot**
선크림 **sunscreen**　선글라스 **sunglasses**

Part 3

들어 봅시다

일기 예보 듣기 Listening to the weather report

01 여러분은 날씨가 궁금할 때 어디에서 정보를 얻습니까? 다음을 보고 내일의 날씨를 이야기해 보세요. Where do you get information about the weather? Look at the following information and say what tomorrow's weather will be like.

02 일기 예보입니다. 잘 듣고 물음에 답하세요. 51
This is a weather report. Listen carefully and answer the questions.

(1) 내일 각 지역의 날씨와 낮 기온을 연결하세요.

① 서울 •	• ㉠  •	• ⓐ 19℃
② 부산 •	• ㉡  •	• ⓑ 23℃
③ 제주도 •	• ㉢  •	• ⓒ 24℃

(2) 내일 서울에 있는 사람들은 어떤 옷을 입으면 좋습니까?

①  ②  ③ 

표현

■ 날씨 예보하기 Forecasting the weather

내일의 날씨를 말씀드리겠습니다.
내일은 비가 오겠습니다.
비가 온 후 맑겠습니다.
내일은 흐리고 바람이 불겠습니다.
아침 최저 기온은 −8℃(영하 팔 도)로 춥겠습니다.
내일 아침 기온은 14℃~16℃(십사 도에서 십육 도)로 오늘보다 낮겠습니다.

· 지역 **region**
· 최저 기온 **lowest temperature**

읽고 써 봅시다

이메일 읽고 쓰기 Reading and writing email

01 다음은 누가 누구에게 쓴 편지입니까? 뒤에 어떤 내용이 있을지 추측해 보세요.
Who wrote the following letter to whom? Guess what the rest of the content might be.

보낸 사람	"마사코"〈masako78@yahoo.co.kr〉	받는 사람	"김수진"〈Kimsj36@hanmail.net〉
제목	안녕하세요? 마사코예요.	보낸 날짜	2011/07/15 19:25:11

수진 씨에게

안녕하세요? 잘 지내요? 저는 이번에 장학금을 받았어요. 그래서 수진 씨 학교에서 6개월 동안 공부하려고 해요. 다음 달에 서울에 갈 거예요. ……

02 친구에게 보내는 이메일입니다. 다음을 읽고 물음에 답하세요. 52
Read the following email sent to a friend and answer the questions.

보낸 사람	"김수진"〈Kimsj36@hanmail.net〉	받는 사람	"마사코"〈masako78@yahoo.co.kr〉
제목	마사코 씨, 반가워요.	보낸 날짜	2011/07/16 23:00:21

마사코 씨에게

안녕하세요? 저는 잘 지내고 있어요. 마사코 씨, 장학금을 받았어요? 정말 좋겠어요. 축하해요. 다음 달 언제 한국에 올 거예요? 비행기 표를 예약하면 저에게 알려 주세요. 제가 공항에 마중 나갈게요. 서울은 다음 달까지 더울 거예요. 그렇지만 9월부터는 덥지 않아요. 그러니까 여름옷을 조금만 가져오세요. 겨울에 서울은 오키나와보다 많이 추워요. 12월부터 2월까지는 기온도 낮고 눈도 자주 와요. 그러니까 두꺼운 겨울옷을 많이 준비하세요. 그리고 학교 근처에 좋은 하숙집이나 원룸들이 많아요. 제가 비싸지 않고 깨끗한 곳을 찾아볼게요. 하숙집이나 원룸에는 컴퓨터가 없어요. 노트북이 있으면 가져오세요.

마사코 씨, 또 궁금한 것이 있으면 메일을 보내세요. 수진 드림

- 잘 지내다 to be quite well
- 장학금 scholarship
- 축하하다 to congratulate
- 마중 나가다 to go out to meet
- 가져오다 to bring
- 오키나와 Okinawa
- 곳 place
- 원룸 studio apartment
- 노트북 notebook (computer)
- 궁금하다 to be curious
- 드림 Yours sincerely

(1) 마사코 씨는 왜 한국에 옵니까?

(2) 맞는 것에 ✓표 하세요.

① 마사코 씨는 기숙사에 살 겁니다. 네 ____ 아니요 ____

② 마사코 씨는 장학금을 받았습니다. 네 ____ 아니요 ____

③ 마사코 씨는 8월에 한국에 올 겁니다. 네 ____ 아니요 ____

03 친구가 여러분 나라에서 유학하려고 합니다. 날씨나 준비해야 할 것, 여러분이 도와줄 수 있는 일 등에 대해 알려 주는 이메일을 쓰세요. Your friend is planning to study in your home country. Write an email giving advice on the weather, things to take, and what you can do for him/her.

문화 알아보기

Summer in Korea 한국의 여름

한국은 6월부터 8월까지 여름입니다. 한국의 여름은 매우 덥고 습도가 높습니다. 특히 6월 중순부터 7월 하순까지 비가 많이 오는데 이 기간을 장마철이라고 합니다. 이 기간이 지나면 한낮의 최고 기온이 30℃를 넘을 때가 많습니다. 밤에는 열대야가 며칠 동안 계속되기도 합니다. 그래서 사람들은 더위를 피해 시원한 바닷가나 계곡에 갑니다.

그리고 한국 사람들은 여름의 더위를 이기기 위해 특별한 음식을 먹기도 합니다. 여름 중 가장 덥다고 하는 복날에 삼계탕을 먹는데 이 삼계탕은 한국 사람들이 즐겨 먹는 여름 건강 음식입니다. 한국 사람들은 복날에 삼계탕을 먹으면 더위를 이기고 건강을 지킬 수 있다고 생각합니다.

Summer in Korea lasts from June to August and is very hot and humid. A lot of rain falls between mid June to late July and this is called the rainy season. Afterwards the temperatures rise to above 30℃ in the day, and show little difference at night, leading to a period known as the "tropical nights." To escape the heat people head for the seaside or mountain valleys.

Koreans also try to beat the heat of summer by eating certain foods. On the dog days the favorite dish is samgyetang, which consists of a whole young chicken boiled in broth with ginseng. Koreans have long regarded samgyetang as a health food and believe that eating it on hottest days of the year helps to maintain health and vitality.

01 한국 사람들은 더위를 이기기 위해서 무엇을 합니까?
What do Koreans do to beat the heat?

02 여러분 나라에 사계절이 있습니까? 각 계절의 날씨와 그 계절에 특별히 먹는 음식에 대해 이야기해 보세요. Does your home country have four seasons? Talk about the weather in the four seasons and the seasonal foods eaten in your country.

Folk tale 청개구리

01 다음의 그림들을 보면 어떤 날씨가 생각이 납니까? 친구들과 이야기해 보세요.
What kind of weather do the following pictures bring to mind? Talk about the pictures with your friends.

02 개구리가 비가 오기 전에 많이 우는 이유를 한국의 전래동화 「청개구리」를 읽고 생각해 보세요. 53
Read and reflect on the following folk tale "청개구리", which explains why frogs croak a lot before rain.

청개구리

옛날에 엄마 청개구리와 아이 청개구리가 살았습니다. 아이 청개구리는 엄마의 말에 항상 반대로 했습니다.

엄마가 "산에서 놀아."라고 말하면 아이 청개구리는 강에서 놀았습니다. "개굴 개굴"이라고 말하면 "굴개 굴개"라고 말했습니다. 엄마 청개구리는 많이 아팠습니다. 엄마 청개구리는 산에 묻히고 싶었습니다. 그래서 "엄마가 죽으면 강에 묻어 줘."라고 말했습니다. 그리고 엄마 청개구리는 죽었습니다. 아이 청개구리는 엄마가 죽은 후에 엄마 말대로 강에 묻었습니다. 그래서 아이 청개구리는 비가 오면 강에 있는 엄마 묘를 걱정해서 지금도 웁니다.

03 여러분 나라의 계절, 날씨와 관련 있는 이야기를 친구들과 함께 이야기해 보세요.
Talk about stories from your country that are related to the seasons and the weather.

청개구리 **green frog** 반대로 **in an opposite way** 묻히다 **to be buried** 묻다 **to bury** 죽다 **to die**
말대로 **as requested** 묘 **grave**

제13과

전화

Telephone

제 13 과 전화 Telephone

Part 1

준비합시다 — 1 -지요 2 -아/어 주다

말해 봅시다 — 전화로 메모 남기기
Leaving a message by phone

Part 2

준비합시다 — 1 에게서, 한테서 2 -(으)ㄹ게요 3 요

말해 봅시다 — 전화로 모임에 대한 정보 주기
Giving information about a gathering over the phone

Part 3

들어 봅시다 — 전화로 예약하는 대화 듣기
Listening to a conversation about making a reservation by phone

읽고 써 봅시다 — 송별회 계획에 대한 글 읽고 쓰기
Reading and writing about plans for a farewell party

CULTURE & LITERATURE

문화 알아보기 — 한국 생활에 유용한 전화번호 Useful phone numbers in Korea

문학 맛보기 — 시 Poem 「통화」

Part 1

준비합시다

01 –지요

알고 있는 것을 다시 확인하고 싶을 때 어떻게 물을까요?
What do we say when we want to confirm something we already know?

A 여보세요, 거기 대한 여행사지요?

B 네, 그렇습니다.

문법

A/V + 지요

–지요 is an expression used to confirm something one already knows.

하 + 지요 → 하지요　　많 + 지요 → 많지요

연습

한국에 대해서 여러분이 알고 있는 것이 맞는지 확인해 보세요.
See if the things you know about Korea are correct by asking for confirmation.

A 세종대왕이 한글을 만들었지요?

B 네, 세종대왕이 만들었어요.

- 인천공항 Incheon International Airport
- 한복 hanbok (traditional Korean clothing)

02 –아/어 주다

다른 사람을 위해서 어떤 일을 할 때 어떻게 말할까요?
How do we express the idea of a person doing something for someone else?

마이클은 아파서 병원에 있습니다. 그래서 제임스는 마이클을 위해서 전화를 받아 주었습니다. 그리고 미셸은 텔레비전을 켜 주었습니다. 창호는 책을 읽어 주었습니다.

문법

V + 아/어 주다

–아/어 주다 is an expression used to indicate that a person is doing something for someone else.

닫 + 아 주다 → 닫아 주다　　읽 + 어 주다 → 읽어 주다

연습

다음을 사용하여 다른 사람에게 부탁해 보세요.
Ask another person to do the following things for you.

사진을 찍다 · 창문을 닫다 · 사전을 빌리다 · 짐을 들다 · 책을 찾다

보기

A 수진 씨, 사진 좀 찍어 주세요.

B 네. 사진기 주세요.

①

②

③

④

전화를 받다
to answer the phone
(TV를) 켜다
to turn on (the TV)
짐을 들다
to carry a load/baggage

Part 1

말해 봅시다

전화로 메모 남기기 Leaving a message by phone

동창 모임이 취소되어서 친구에게 알려 주려고 합니다. 친구의 회사에 전화를 걸어서 메모를 남기세요. Your alumni meeting has been canceled and you're going to call your friend to let him/her know. Call your friend's office and leave a message.

Try it!

말풍선을 따라 대화를 구성해 보세요.
Look at the speech balloons and make up a dialogue.

이소라
Write down a message for your colleague Richard.

마이클
Call Richard and leave a message.

1. 전화 걸기

- 국민회사
- 여보세요? 거기 국민회사 인사과? 리처드 스미스 씨 | 바꾸다?

2. 메모 부탁하기

- 자리 | 안 계시다 회의 중
- 메모 | 전하다

3. 메모 내용 말하기

- 네, 말씀하세요
- 저 | 마이클 내일 동창 모임 | 취소됐다 저 | 저녁 | 다시 전화하겠다

4. 인사하기

- 네, 메모 전해 주다
- 감사하다 안녕히 계세요

대화

이소라 국민회사입니다.
마이클 여보세요? 거기 국민회사 인사과지요?
리처드 스미스 씨 좀 바꿔 주시겠어요?
이소라 지금 자리에 안 계신데요. 회의 중이에요.
마이클 그래요? 그러면 메모 좀 전해 주세요.
이소라 네, 말씀하세요.
마이클 저는 리처드 씨의 대학교 동창 마이클이에요.
내일 동창 모임이 취소됐어요.
제가 저녁에 다시 전화하겠습니다.
이소라 네, 메모 전해 드리겠습니다.
마이클 감사합니다. 안녕히 계세요.

56

표현

- 전화 걸기 Making a phone call

A: 여보세요? 거기 김수진 씨 집이지요?
B: 네, 그런데요.

- 전화해서 사람 찾기 Asking to speak to someone on the phone

A: 리처드 씨 계십니까?
B: 네, 전데요. 실례지만 누구세요?

A: 리처드 씨 좀 바꿔 주세요. / 리처드 씨 좀 바꿔 주시겠어요?
B: 지금 안 계신데요.

- 메모 부탁하기 Asking someone to take a message

메모 좀 전해 주세요.
메모 좀 부탁합니다.
메모 좀 전해 주시겠어요?

확장

친구의 집에 전화를 걸어 메모를 남겨 보세요.
Call a friend's house and leave a message.

인사과 **personnel department** · 자리에 안 계시다 **to not be present** · 회의 중 **in a meeting**
메모를 전하다 **to give a message** · 동창 **alumnus** · 취소되다 **to be canceled**

Part 2

준비합시다

01 에게서, 한테서

57

휴대전화 문자 메시지를 받았을 때 그 문자 메시지가 누구에게서 왔는지 어떻게 말할까요? You've received a text message on your cell phone. How do you say who it is from?

어제 우리 반 친구에게서 생일 축하 문자를 받았습니다.

문법

N + 에게서, 한테서

에게서, 한테서 are particles indicating where an action or state starts or comes from, like 'from' in English. The honorific form is 께.

친구 + 에게서 → 친구에게서 동생 + 한테서 → 동생한테서

※ When the origin of the action or state in question is not a person then 에서 is used.

연습

다음의 다양한 정보를 어떻게 얻었을까요? 표를 보고 말해 보세요.
Look at the table below and say where the different kinds of information came from.

보기	한국어 수업	회사 동료 / 듣다
①	오늘 날씨	신문 / 보다
②	율리아 결혼 소식	요코 / 듣다
③	백화점 세일	텔레비전 / 보다
④	맛있는 식당	잡지 / 읽다
⑤	학교 전화번호	선생님 / 듣다
⑥	동아리 모임	친구 / 듣다

A 우리 학교의 한국어 수업을 어떻게 알았어요?

B 회사 동료한테서 들었어요. 그 동료가 작년에 이 학교에서 한국어를 배웠어요.

축하 congratulation

02 -(으)ㄹ게요

58

가까운 사람에게 약속하듯이 이야기할 때 어떻게 말할까요?
How do you say you will do something when speaking with someone close to you?

A 지금 통화할 수 있어요?

B 미안해요. 지금 지하철 안이에요. 제가 나중에 전화할게요.

문법

V + (으)ㄹ게요

-(으)ㄹ게요 is an expression used to indicate one's intent to do something or make a promise to do something.

consonant + 을게요 예 앉을게요 vowel, ㄹ + ㄹ게요 예 갈게요, 만들게요

연습

다음 상황에 맞게 상대방에게 약속해 보세요.
Look at the table and promise to do something according to each situation.

다음부터 일찍 오다 · 이사를 도와주다 · 나중에 다시 걸다
지금 바로 담배를 끄다 · 내일 전자사전을 돌려주다 · 떠들지 않다

보기	왜 또 늦었어요? 지금이 몇 시예요?
①	제 전자사전 언제 돌려줄 거예요?
②	손님, 죄송하지만 이곳은 금연석이에요.
③	주말에 이사하려고 하는데요. 혹시 토요일에 시간 좀 있어요?
④	왕카이는 지금 없는데요. 2시쯤 들어올 거예요.
⑤	조용히 좀 해 주세요. 바로 옆방에서 아기가 자고 있어요.

A 왜 또 늦었어요? 지금이 몇 시예요?

B 미안해요. 다음부터 일찍 올게요.

- 통화하다 to talk on the phone
- 나중에 later
- 일찍 early
- 돌려주다 to return
- 떠들다 to make a noise
- 금연석 non-smoking seat
- 옆방 room next door

Part 2

03 요

가까운 사람과 편하게 이야기할 때 한 번 말한 것을 반복하지 않고 간단하게 말하려면 어떻게 할까요? When speaking with someone close, how do you refer to something already said without repeating yourself?

A 수진 씨, 점심에 뭐 먹었어요?
B 김치찌개요.

A 어디에서요?
B 학교 식당에서요.

문법

요

요 is a particle used at the end of a sentence containing new information where information from the previous sentence does not need to be repeated or omitted content can easily be understood or anticipated from the situation.

은행 + 요 → 은행요　　서점에서 + 요 → 서점에서요

연습

어제 한 일을 묻고 대답해 보세요.
Ask and answer questions about what you did yesterday.

	이름	어제 한 일	장소	기타
보기	요코	쇼핑하다	동대문 시장	언니
①	미셸	공연을 보다	대학로 극장	안드레아
②	박영민	외식하다	신촌 식당	여자 친구
③	리처드	영화를 보다	이화 극장	흐엉
④	티엔	파티하다	친구 집	저녁 7시~밤 12시
⑤	마사코	공부하다	도서관	오후 2시~오후 5시
⑥	이치로	운동하다	학교 운동장	오후 4시

A 요코 씨, 어제 뭐 했어요?
B 쇼핑했어요.

A 어디에서요?
B 동대문 시장에서요.

A 누구하고요?
B 언니하고요.

· 공연 concert
· 극장 theater
· 운동장 sports field

어휘

전화 관련 어휘 Telephone related words 60

전화를 걸다

전화를 받다

전화를 끊다

전화를 바꿔 주다

전화를 잘못 걸다

통화하다

통화 중이다

문자를 보내다

문자를 확인하다

Part 2

말해 봅시다

전화로 모임에 대한 정보 주기 Giving information about a gathering over the phone

친구에게 전화를 걸어 결혼식 소식을 알려 주고 시간과 장소에 대한 정보를 말해 주세요.
Call a friend to tell him/her about a wedding and where and when it is to be held.

Try it!

말풍선을 따라 대화를 구성해 보세요.
Look at the speech balloons and make up a dialogue.

미셸
Ask where and when Julia's wedding will be held.

마이클
Tell her about Julia's wedding.

1. 전화 걸기

여보세요? 미셸 씨 집? 미셸 씨 계시다?

잠깐만 기다리다

2. 전화 바꾸기

여보세요? 전화 바꾸다

안녕하세요? 저 | 마이클 율리아 씨 | 결혼 소식 | 듣다?

3. 결혼식 시간 알려 주기

아니요 결혼식 | 언제?

다음 달 첫 번째 토요일

4. 결혼식 장소 알려 주기

어디?

서울 호텔 미셸 씨 | 가다?

5. 정보의 출처 말하기

네 결혼 소식 | 어떻게 알다?

안드레아 씨 | 듣다

6. 친구들에게 연락할 것 약속하기

우리 반 친구들 | 알다?

아직 모르다 다른 친구들 | 나 | 연락하다

대화

61

마이클 여보세요? 미셸 씨 집이지요? 미셸 씨 계세요?

미셸의 동생 네, 잠깐만 기다리세요.

(잠시 후)

미셸 여보세요? 전화 바꿨습니다.

마이클 안녕하세요, 미셸 씨? 저 마이클이에요.
율리아 씨 결혼 소식을 들었어요?

미셸 아니요. 결혼식이 언제예요?

마이클 다음 달 첫 번째 토요일요.

미셸 어디에서요?

마이클 서울 호텔에서요. 미셸 씨도 갈 거지요?

미셸 네, 갈 거예요. 그런데 율리아 씨 결혼 소식은 어떻게 알았어요?

마이클 안드레아 씨한테서 들었어요.

미셸 아, 그랬군요. 우리 반 친구들은 모두 알아요?

마이클 아니요, 아직 몰라요. 다른 친구들한테 내가 연락할게요.

발음 **Tensification ④**

When ㄱ, ㄷ, ㅂ, ㅅ, ㅈ are immediately preceded by (으)ㄹ, they are pronounced as [ㄲ], [ㄸ], [ㅃ], [ㅆ], [ㅉ].

갈 거예요 [갈꺼예요] 그럴게요 [그럴께요]

표현

■ 전화 바꾸기 Handing the phone to someone

A: 여보세요? 미셸 씨 집이지요?
B: 네, 그런데요.
A: 미셸 씨 계세요? / 미셸 씨 좀 바꿔 주세요.
B: 네, 잠깐만 기다리세요.
(잠시 후)
C: 여보세요? 전화 바꿨습니다.

확장

친구에게 전화를 걸어 반 소풍에 대한 정보를 알려 주세요.
Call a friend and give him/her information about the class picnic.

잠시 후 **after a moment** 첫 번째 **first** 호텔 **hotel** 연락하다 **to contact**

Part 3

들어 봅시다

전화로 예약하는 대화 듣기 Listening to a conversation about making a reservation by phone

01 마이클은 어디에 전화를 했을까요? 식당 예약을 할 때 무엇을 말할까요? 서로 이야기해 보세요. Who did Michael call? How do we make restaurant reservations on the phone? Discuss with your classmates.

02 전화로 식당에 예약하는 대화입니다. 잘 듣고 메모해 보세요. 62

Someone is making a restaurant reservation. Listen carefully to the conversation and write down the necessary information.

예 약

- 이름 : 마이클
- 연락처 : 010-1803-3849
- 날짜 : (   ) 월 (   ) 일
- 시간 : (   ) 시
- 인원 : (   ) 명
- 자리 : (금연석 / 흡연석)
  (창가 / 입구)

표현

■ 자리 요청하기 Requesting a certain type of seat

금연석으로 부탁합니다.
금연석으로 예약해 주세요.
창가 쪽 자리가 좋은데요.
창가 쪽 자리를 주세요.

연락처 **contact number**
인원 **number of people**
자리 **seat**
흡연석 **smoking seat**
창가 **by the window**
입구 **entrance**

읽고 써 봅시다

송별회 계획에 대한 글 읽고 쓰기 Reading and writing about plans for a farewell party

01 다음은 무엇을 메모한 것입니까? 서로 이야기해 보세요.
What is this memo about? Discuss with your classmates.

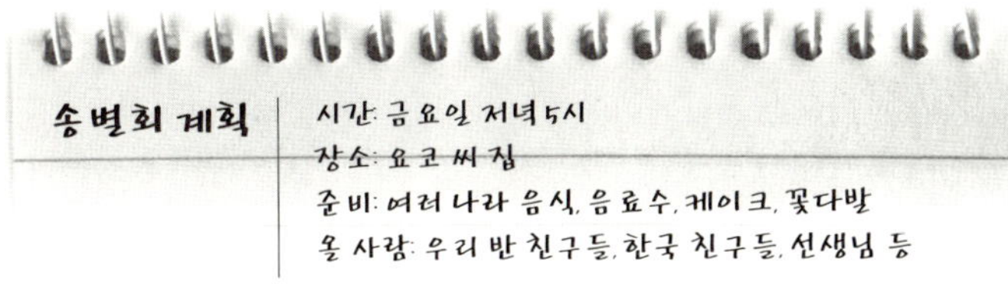

02 친구의 송별회 계획에 대한 글입니다. 다음을 읽고 물음에 답하세요. 63
Read the following passage about plans for a farewell party for a friend and answer the questions.

송별회 계획

이번 학기가 끝나면 우리 반 잔느 씨가 프랑스로 돌아갑니다. 그래서 저와 반 친구들은 이번 토요일 6시에 잔느 씨 송별회를 해 주려고 합니다.

송별회 장소는 학교 앞 이화 호프입니다. 우리는 멋있는 계획을 많이 세웠습니다. 율리아 씨가 크고 맛있는 케이크를 준비할 겁니다. 그리고 잔느 씨에게 우리 반 앨범을 선물해 주고 싶어서 요코 씨하고 마이클 씨가 함께 앨범을 만들고 있습니다. 저는 꽃다발을 준비할 겁니다. 이치로 씨는 노래를 불러 줄 겁니다. 그래서 이치로 씨는 지금 열심히 노래 연습을 하고 있습니다.

우리 반 친구들은 1주일 동안 송별회 준비를 했습니다. 잔느 씨는 깜짝 놀랄 겁니다. 그리고 아주 기뻐할 겁니다.

(1) 송별회는 언제, 어디입니까?

시간: (　　) 요일 (　　) 시　　　　장소: (　　　　　　　　)

(2) 맞는 것에 ✓표 하세요.

① 요코 씨와 마이클 씨는 선물로 앨범을 샀습니다.　네 ____ 아니요 ____

② 이치로 씨는 송별회에서 노래를 부를 겁니다.　네 ____ 아니요 ____

계획을 세우다 to make a plan
앨범 album
깜짝 놀라다 to be surprised

03 여러분은 친구에게 송별회를 해 주려고 합니다. 송별회 계획을 세우고 글로 써 보세요.
You want to throw a farewell party for a friend. Write down your plans for the party.

문화 알아보기

Useful phone numbers in Korea 한국 생활에 유용한 전화번호

114

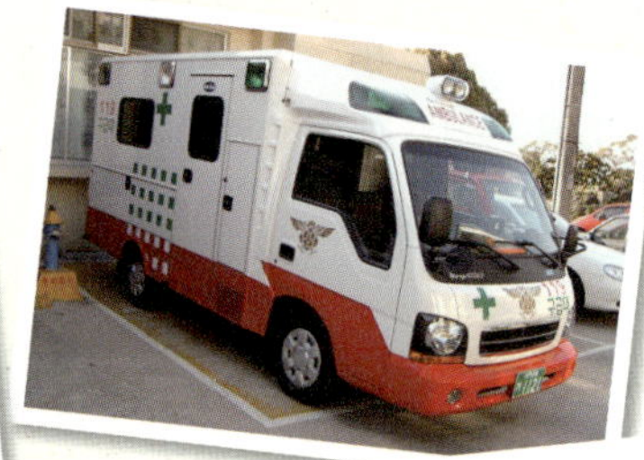

119

112

120

한국에는 알아 두면 도움이 되는 전화번호가 여러 가지 있습니다. 전화번호를 모르면 114번에 전화를 거십시오. 그러면 전화번호 안내를 받을 수 있습니다. 그리고 불이 났을 때나 위험한 상황일 때에는 119번에 전화하십시오. 그러면 소방관의 도움을 받을 수 있습니다. 경찰의 도움이 필요하면 112번에 전화하면 됩니다. 언제나 경찰관이 여러분을 도와주러 올 것입니다. 그리고 서울에 사는 외국인은 120번에 전화해 보세요. '120 다산콜센터'에서 서울 생활에 필요한 여러 가지 정보를 쉽고 친절하게 가르쳐 줄 겁니다.

There are several phone numbers that are useful to know while living in Korea. For directory assistance call 114. The friendly operators will find the phone number you're looking for. For fire and other emergencies, call 119 and the firemen will come to your assistance right away. If you need the police, call 112 and you can get help from them. Foreigners living in Seoul may want to make use of Dasan Call Center at 120, which is a fast and friendly service providing all sorts of useful information.

01 언제 120번에 전화하면 좋을까요?
When should you call 120?

02 여러분의 나라에서 알아 두면 도움이 되는 전화번호는 무엇입니까?
What phone numbers are useful to know in your country?

01 전화로 전달할 수 있는 것에는 무엇이 있을까요? 친구들과 이야기해 보세요.
What things can be conveyed over the telephone? Discuss with your friends.

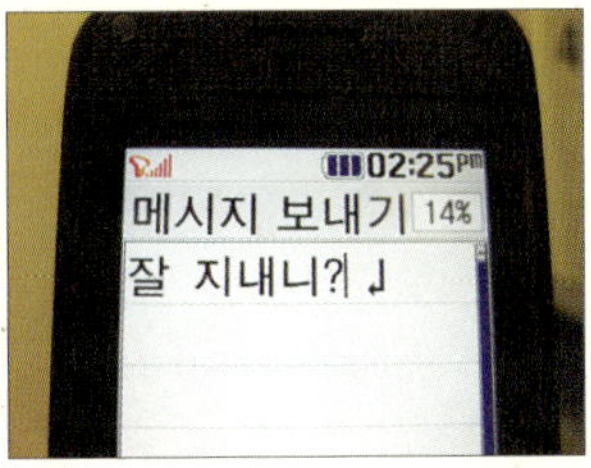

02 다음은 「통화」입니다. 시를 낭송하면서 감상해 보세요.
Read and reflect on the following poem "통화".

통화

문인수(1945~)

거기는 비 온다고?
이곳은 화창하다.
그대 슬픔 조금, 조금씩 마른다.
나는, 천천히 젖는다.

「애지 No.4」, 일광, 2000

03 문자 메시지로 상대방에게 감정을 표현해 보세요.
Write a text message that expresses your feelings to the recipient.

화창하다 to be bright and clear (weather) 슬픔 sadness 조금씩 little by little 마르다 to dry
천천히 slowly 젖다 to get wet

제14과

약속

Engagements

제 14 과 약속 Engagements

Part 1

준비합시다	1 -(으)ㄹ 수 있다 2 못 3 -고(order)
말해 봅시다	약속 변경하기 Changing an engagement

Part 2

준비합시다	1 -기 전에 2 -아/어야 하다
말해 봅시다	가능한 시간으로 약속 정하기 Making an engagement for an available time

Part 3

들어 봅시다	약속을 확인하는 대화 듣기 Listening to a conversation on confirmation of an engagement
읽고 써 봅시다	약속에 관한 경험의 글 읽고 쓰기 Reading and writing about an engagement

CULTURE & LITERATURE

문화 알아보기	젊은이들의 거리, 신촌 Sinchon, haunt of young people
문학 맛보기	판소리 Pansori 「사랑가」

Part 1

준비합시다

01 -(으)ㄹ 수 있다

65

어떤 일을 할 수 있는지 어떤 일은 할 수 없는지 어떻게 말할까요?
How do you say you can or can not do something?

요코는 운전을 할 수 있습니다.

요코는 자전거를 탈 수 없습니다.

문법

V + (으)ㄹ 수 있다

-(으)ㄹ 수 있다 is an expression that indicates the speaker(subject) is able to do something.

consonant + 을 수 있다 예 읽을 수 있다
vowel, ㄹ + ㄹ 수 있다 예 쓸 수 있다, 만들 수 있다

연습

다음 일들을 할 수 있는지 묻고 대답해 보세요.
Ask if each person can do the following things and give the answers.

	항목	마이클	율리아
보기	불고기를 만들다	×	○
①	매운 음식을 먹다	○	○
②	한국 노래를 부르다	○	×
③	첼로를 켜다	×	○
④	오토바이를 타다	○	×
⑤	한국 신문을 읽다	×	○
⑥	태권도를 하다	○	×

A 마이클 씨, 불고기를 만들 수 있어요?
B 아니요, 만들 수 없어요. 율리아 씨는요?
A 저는 만들 수 있어요. 별로 어렵지 않아요.

· 별로 not really
· 첼로를 켜다 to play the cello

어휘

운동 Sports 66

축구를 하다

야구를 하다

농구를 하다

테니스를 하다

골프를 치다

스키를 타다

악기 연주 Playing an instrument

피아노를 치다

기타를 치다

드럼을 치다

플루트를 불다

색소폰을 불다

바이올린을 켜다

Part 1

준비합시다

02 못

67

어떤 일을 할 의지는 있지만 능력이 없을 때 어떻게 말할까요?
How do you say you want to do something but are not able to do it?

A 마이클 씨, 수영할 수 있어요?

B 아니요, 수영 못 해요. 배우지 않았어요.

문법

못 + V

못 is used in front of the verb to indicate the speaker(subject)'s willingness to do something but inability to do it from lack of ability or for some other reason.

못 + 마시다 → 못 마시다　　운동 + 못 + 하다 → 운동 못 하다

연습

다음 제안에 이유를 말하면서 거절해 보세요.
Turn down the following suggestions and give the reasons for doing so.

	제안	거절 이유
보기	일요일에 등산 가다	다리를 다쳤다
①	토요일에 골프를 치다	회사에 중요한 회의가 있다
②	내일 아침에 수영하다	감기에 걸렸다
③	금요일 저녁에 만나다	선약이 있다
④	커피 마시다	요즘 위가 아프다
⑤	점심을 먹다	할 일이 많다
⑥	주말에 놀이동산에 놀러 가다	몸이 안 좋다

A 일요일에 같이 등산 갈까요?

B 미안해요. 제가 다리를 다쳤어요. 그래서 등산 못 가요.

- 다치다 to get hurt
- 중요하다 to be important
- 선약 previous engagement
- 위 stomach
- 몸이 안 좋다 to be sick

03 -고 (order)

수업 후에 하는 일을 순서대로 어떻게 말할까요?
How do you list in order the things you are going to do after class?

A 수업 후에 뭐 할 거예요?

B 먼저 점심을 먹고 그다음에 도서관에 갈 거예요.

문법

V + 고

-고 is used at the end of a verb to link actions in order of time.

공부하다 + 쉬다 → 공부하고 쉬다　　밥을 먹다 + 설거지하다 → 밥을 먹고 설거지하다

연습

다음을 보고 두 사람의 행동을 비교해서 말해 보세요.
Look at the table and compare the two people's actions.

	항목	요코	수진
보기	옷을 입을 때 (티셔츠/바지)	티셔츠를 입다 → 바지를 입다	바지를 입다 → 티셔츠를 입다
①	신발을 신을 때 (오른쪽/왼쪽)	오른쪽을 신다 → 왼쪽을 신다	왼쪽을 신다 → 오른쪽을 신다
②	세수할 때 (세수/이)	세수하다 → 이를 닦다	이를 닦다 → 세수하다
③	샤워할 때 (머리/몸)	머리를 감다 → 몸을 씻다	몸을 씻다 → 머리를 감다
④	여행갈 때 (계획/비행기 표)	계획을 세우다 → 비행기 표를 사다	비행기 표를 사다 → 계획을 세우다
⑤	식사할 때 (밥/물)	밥을 먹다 → 물을 마시다	물을 마시다 → 밥을 먹다
⑥	집안일을 할 때 (청소/설거지)	청소를 하다 → 설거지를 하다	설거지를 하다 → 청소를 하다

A 요코 씨는 옷을 입을 때 티셔츠를 먼저 입어요, 아니면 바지를 먼저 입어요?

B 저는 먼저 티셔츠를 입고 바지를 입어요. 수진 씨는요?

A 저는 바지를 입고 티셔츠를 입어요.

- 티셔츠 T-shirt
- 먼저 first
- 아니면 or
- 신발을 신다 to put on one's shoes
- 이를 닦다 to brush one's teeth
- 머리를 감다 to wash one's hair
- 몸 body
- 씻다 to wash
- 밥 a meal (rice)
- 물 water
- 설거지 washing the dishes

Part 1

말해 봅시다

약속 변경하기 Changing an engagement

여러분은 다른 일이 있어서 친구와의 약속을 변경해야 합니다. 친구에게 이유를 말하고 약속을 변경해 보세요. Something comes up and you have to change an engagement to meet your friend. Tell your friend the reason and change the date.

Try it!

말풍선을 따라 대화를 구성해 보세요.
Look at the speech balloons and make up a dialogue.

수진	샐리
Want to change the engagement to the following week.	Change the engagement to another date.

1. 주말 약속 확인하기

- 수진: 테니스 약속 | 이번 토요일?
- 샐리: 네, 맞다

2. 약속 변경 제안하기

- 수진: 미안하지만 약속 | 다음 주 | 변경하다?
- 샐리: 왜? 무슨 일 | 있다?

3. 이유 말하기

- 수진: 그날 | 어머니 생신 | 가족들 | 저녁 식사 | 하다 미안하다
- 샐리: 괜찮다 그러면 약속 | 바꾸다

4. 약속 날짜 다시 정하기

- 수진: 다음 주 토요일 | 어떻다?
- 샐리: 좋다 별일 없다

5. 약속에 대한 계획 세우기

- 수진: 토요일 오전 | 만나다 점심 | 먹다 → 테니스 | 하다 저 | 점심 | 사다
- 샐리: 좋다

대화

69

수진	샐리 씨, 우리 테니스 약속이 이번 토요일이지요?
샐리	네, 맞아요.
수진	미안하지만 약속을 다음 주로 변경할 수 있어요?
샐리	왜요? 무슨 일이 있어요?
수진	사실은 그날이 어머니 생신이라서 가족들이 모두 저녁 식사를 하려고 해요. 정말 미안해요.
샐리	괜찮아요. 그러면 약속을 바꿉시다.
수진	그럼 다음 주 토요일은 어때요?
샐리	좋아요. 그날 별일 없어요.
수진	그럼 토요일 오전에 만나요. 먼저 점심을 같이 먹고 테니스를 합시다. 제가 점심을 살게요.
샐리	네, 좋아요.

발음 **dropped 'ㅎ'**

When ㅎ is located between two vowels, it is dropped in pronunciation.

좋아요 [조아요]　　놓으세요 [노으세요]

표현

■ 약속 변경을 제안하기 Suggesting a change of engagement

약속을 좀 바꾸고 싶은데요.
약속 장소를 학교 근처로 변경하고 싶어요.
미안하지만 약속을 다음 주로 변경할 수 있어요?

확장

친구에게 이유를 말하고 약속 시간이나 장소를 변경해 보세요.
Change the time or place of an engagement with a friend, giving reasons for the change.

맞다 to be right　변경하다 to change　사실 actually　바꾸다 to change　별일 없다 to not be busy
점심을 사다 to buy lunch

Part 2

준비합시다

01 –기 전에

70

어떤 사실보다 먼저 일어난 행동에 대해 말할 때 어떻게 할까요?
How do we talk about something that took place before a certain action or situation?

A 친구들한테 언제 연락했어요?

B 어젯밤에 자기 전에 전화했어요.

문법

V + 기 전에

–기 전에 is an expression that indicates that a certain action or situation preceded another.

보 + 기 전에 → 보기 전에　　닫 + 기 전에 → 닫기 전에

연습

다음을 보고 언제 그 일을 했는지 묻고 대답해 보세요.
Look at the following table and say when the following activities took place.

	행동		
보기	수진 씨를 만나다	→	영화를 보다
①	숙제를 하다	→	모임에 가다
②	점심을 먹다	→	수영하러 가다
③	방 청소를 하다	→	저녁 식사를 준비하다
④	태권도를 배우다	→	대학교에 입학하다
⑤	머리를 자르다	→	사진을 찍다
⑥	슈퍼마켓에서 과일을 사다	→	산책하다

A 언제 수진 씨를 만났어요?

B 영화를 보기 전에 만났어요.

- 입학하다 to be admitted to a school
- 머리를 자르다 to have one's hair cut
- 슈퍼마켓 supermarket

02 –아/어야 하다

71

꼭 해야 하는 의무적인 일을 어떻게 표현할까요?
How do we express the idea that something must be done or is a duty?

A 오늘 오후에 같이 영화를 볼까요?

B 미안해요. 오늘은 안 돼요. 내일 시험이 있어서 공부해야 해요.

문법

V + 아/어야 하다

–아/어야 하다 is used to indicate that a certain action or state is necessary in a given situation. In colloquial speech –아/어야 하다 is often used in place of –아/어야 되다.

어간 'ㅏ', 'ㅗ' + 아야 하다 예 닫아야 하다   그 외 어간 + 어야 하다 예 열어야 하다

※ 하다 → 해야 하다 예 운동해야 하다

이다 → consonant + 이어야 하다 예 학생이어야 하다

vowel + 여야 하다 예 아이여야 하다

연습

다음 상황에서 어떻게 해야 하는지 묻고 대답해 보세요.
Ask and answer the questions about what has to be done in the following situations.

	상황	해야 할 일
보기	한국에서 운전을 하고 싶다	운전면허증이 있다, 길을 잘 알다
①	한국 대학교에 입학하고 싶다	한국어 공부를 열심히 하다, 입학시험에 합격하다
②	살을 3kg 빼고 싶다	매일 운동하다, 8시 후에 먹지 않다
③	중국에 여행가고 싶다	비자를 받다, 숙소를 미리 예약하다
④	도서관에서 책을 빌리고 싶다	학생증을 가져가다, 6시 전에 도서관에 가다

A 저는 한국에서 운전을 하고 싶어요. 어떻게 해야 돼요?

B 운전면허증이 있어야 돼요. 그리고 길도 잘 알아야 돼요.

운전면허증 driver's license
길을 알다 to know the way
합격하다 to pass
비자 visa
학생증 student card

Part 2

말해 봅시다

가능한 시간으로 약속 정하기 Making an engagement for an available time

오후에 일이 있는데 친구가 만나자고 합니다. 그 시간에 안 되는 이유를 말하고 가능한 시간으로 약속을 정해 보세요. Your friend wants to meet in the afternoon but you have to do something then. Tell your friend why you can't make it and arrange to meet when you are both free.

Try it!

말풍선을 따라 대화를 구성해 보세요.
Look at the speech balloons and make up a dialogue.

왕카이
Ask Frank to go with you to the embassy after class.

프랑크
Say when you are free and make an engagement.

1. 제안 거절하기

왕카이: 오늘 시간 있다?
저 | 비자 | 대사관 | 가다
수업 끝나다 → 같이 가다?

프랑크: 오늘 | 안 되다
동생 | 마중하다 | 공항 | 가다

2. 안 되는 시간 말하기

왕카이: 그래요?
학교 | 몇 시 | 출발하다?

프랑크: 5시쯤 출발하다

3. 가능한 시간 말하기

왕카이: 공항 | 가기 전 | 시간을 내 주다?

프랑크: 공항 | 가기 전 | 괜찮다
몇 시 | 만나다?

4. 약속 정하기

왕카이: 2시 | 만나다
고맙다

프랑크: 이따가 보다

대화

72

왕카이	프랑크 씨, 오늘 시간 있어요? 제가 비자 때문에 대사관에 가려고 해요. 수업 끝나고 대사관에 같이 가 줄 수 있어요?
프랑크	미안해요. 오늘은 안 돼요. 동생을 마중하러 공항에 가야 돼요.
왕카이	그래요? 학교에서 몇 시에 출발해야 돼요?
프랑크	5시쯤 출발해야 돼요.
왕카이	그럼 공항에 가기 전에는 시간 좀 내 줄 수 있어요?
프랑크	네. 공항에 가기 전에는 괜찮아요. 몇 시에 만날까요?
왕카이	2시에 만나요. 고마워요, 프랑크 씨.
프랑크	그럼 이따가 봐요.

표현

- 시간 내 달라고 부탁하기 Asking someone to meet you

시간 좀 내 주세요.
시간 좀 내 줄 수 있어요?

- 가능한 시간 말하기 Talking about available times

5시까지는 괜찮아요.
5시 전에는 가능해요.
6시 이후에는 가능해요.
공항에 가기 전에는 괜찮아요.
수업이 끝난 후부터는 가능해요.

확장

친구의 만나자는 제안에 가능한 시간과 장소를 말하고 약속을 정해 보세요.
At a friend's suggestion that you meet, make an engagement after discussing possible times and venues.

- 때문에 **because of**
- 대사관 **embassy**
- 시간을 내다 **to make time**
- 이따가 **later**

Part 3

들어 봅시다

약속을 확인하는 대화 듣기 Listening to a conversation on confirmation of an engagement

01 약속을 확인하려면 무엇을 어떻게 물어야 할까요? 서로 이야기해 보세요.
How do we confirm an engagement? Try it with each other.

02 친구에게 전화해서 약속을 확인하는 대화입니다. 잘 듣고 물음에 답하세요. 73
Someone is confirming an engagement with a friend on the telephone. Listen carefully to the conversation and answer the questions.

(1) 이치로 씨는 언제, 어디에서 친구들과 약속이 있습니까?

① 시간 : 금요일 (오전, 오후) ____________ 시

② 장소 : ______________________

(2) 이치로 씨는 금요일 약속에 왜 늦게 갑니까?

① 부모님이 오십니다.
② 집에 일이 있습니다.
③ 중요한 일이 있습니다.

(3) 맞는 것에 ✔표 하세요.

① 이치로 씨는 약속 시간을 기억하지 못했습니다. 네 _____ 아니요 _____
② 이치로 씨는 약속 장소에 가기 전에 리하오 씨에게 전화를 할 겁니다. 네 _____ 아니요 _____

기억하다 to remember

읽고 써 봅시다

약속에 관한 경험의 글 읽고 쓰기 Reading and writing about an engagement

01 다음 메모를 보고 약속이 언제, 어디인지 이야기해 보세요.
Look at the memo and say when and where everyone will meet.

시간 : 3월 10일
장소 : 이촌역

시간 : 4월 11일
장소 : 인천역

02 약속에 대한 경험의 글입니다. 다음을 읽고 물음에 답하세요. 74
Read the following passage on an engagement and answer the questions.

"신촌역요? 시청역 아니에요?"

저는 석 달 전에 한국에 왔습니다. 그래서 아직 한국어를 잘 못합니다. 지난주에 저는 한국 친구 수진 씨와 같이 영화를 보려고 했습니다. 약속 장소는 시청역 2번 출구였습니다.

저는 약속 장소에 제시간에 도착했습니다. 그런데 수진 씨가 오지 않았습니다. 약속 시간이 20분 지난 후 수진 씨에게서 전화가 왔습니다. "마이클 씨, 왜 안 와요?"라고 수진 씨가 말했습니다. "저는 벌써 도착했어요. 어디에 있어요?"라고 물었습니다. 수진 씨는 "신촌역 2번 출구 앞요."라고 대답했습니다. 저는 그 말을 듣고 깜짝 놀랐습니다. "신촌역요? 시청역 아니에요?"라고 말했습니다. 그리고 지하철을 다시 타고 신촌역에 갔습니다.

저는 한국어를 잘 못해서 가끔 실수를 합니다. 그렇지만 한국 생활이 재미있습니다.

(1) 맞는 것에 ✔표 하세요.

① 이 사람은 한국에 3달 전에 왔습니다. 네 ______ 아니요 ______

② 수진 씨는 약속 시간에 20분 늦었습니다. 네 ______ 아니요 ______

(2) 이 사람은 왜 다른 곳에서 기다렸습니까?

① 지하철을 잘못 탔습니다.
② 역 이름을 잘못 들었습니다.
③ 수진 씨가 잘못 가르쳐 주었습니다.

시청역 Sicheong Station
석 달 three months
제시간 on time
벌써 already
가끔 at times
실수하다 to make a mistake

03 여러분은 약속 장소나 시간을 몰라서 실수한 적은 없습니까? 약속에 관한 경험을 글로 써 보세요. Have you ever missed an engagement because you didn't know the right time or place? Write about a related experience.

문화 알아보기

Sinchon, haunt of young people 젊은이들의 거리, 신촌

서울에는 젊은이들의 만남의 장소가 많습니다. 명동, 대학로, 종로, 신촌 등이 바로 그런 곳입니다. 그중에서도 신촌은 주변에 여러 대학교들이 모여 있는 대학가입니다. 그리고 교통도 편해서 대표적인 젊은이들의 거리가 되었습니다. 신촌에는 젊은이들의 취향에 맞는 다양한 음식점, 카페, 술집 등이 많습니다. 그래서 친구들을 만나거나 모임을 갖기에 좋습니다. 그리고 쇼핑 센터, 영화관, 서점 등도 있어서 쇼핑을 하거나 문화 생활을 즐기기에도 편리합니다. 그래서 신촌은 서울의 젊은이들의 거리로 자리 잡고 있습니다.

Seoul has many places where young people like to gather including Myeongdong, Daehak-ro, Jongno and Sinchon. Sinchon is a campus town with several universities in the area which is easily accessible by all forms of transport. Hence the area is the major center of youth culture in the capital. In Sinchon there are many varied restaurants, cafes, and bars, which makes it a good place to meet friends or hold gatherings. It is also a good place for shopping and cultural activities as there are also shopping centers, theaters, bookstores and other places. As a result Sinchon is a famous youth haunt with its own distinct culture.

01 신촌은 왜 젊은이들의 거리가 되었습니까?
Why is Sinchon a popular place for young people?

02 여러분 나라에서 만남의 장소로 유명한 곳은 어디입니까? 소개해 보세요.
Talk about a famous meeting place in your country.

문학
맛보기

01 한국 사람들은 사랑을 어떻게 표현했을까요? 판소리 「춘향가」 중에서 〈사랑가〉를 들어 보세요. 〈사랑가〉에 '사랑'이 몇 번 나옵니까? How did Koreans express love in the past? Listen to "사랑가", which means 'song of love', from the pansori "Chunhyang-ga". How many times is the word '사랑' mentioned?

02 다음은 〈사랑가〉입니다. 판소리를 감상해 보세요.
Read and reflect on the following Pansori "사랑가".

75

사랑가

사랑 사랑 사랑 내 사랑이야
사랑이로구나 내 사랑이야
이이이이이 내 사랑이로다
아마도 내 사랑아
(후략)

Tip 판소리: Pansori is a form of traditional Korean vocal music, or epic song, that developed in the central region of Korea during the later part of the Joseon Dynasty (18th C). The story is narrated by the solo singer while the drummer keeps the rhythm and the audience shouts out encouraging remarks such as '얼쑤!' Around the end of the Joseon Dynasty Sin Jae-hyo put twelve remaining Pansori pieces in order, but only five of them have been handed down to the present: "Chunhyang-ga", "Simcheong-ga", "Heungbu-ga", "Jeokbyeok-ga", and "Sugung-ga".

03 여러분 나라의 '사랑의 노래'를 친구들에게 소개해 보세요.
Tell your friends about the love songs of your country.

사랑 **love** 아마도 **most likely**

제15과

취미

Hobbies

15과 취미 Hobbies

Part 1

준비합시다 — 1 -는 2 -(으)ㄴ/(으)ㄹ 3 -아/어 보다

말해 봅시다 — 동아리 활동에 대해 소개하기
Introducing club activities

Part 2

준비합시다 — 1 -아/어도 되다 2 -(으)면 안 되다

말해 봅시다 — 등산할 때 주의 사항 알려 주기
Informing people of the precautions when hiking

Part 3

들어 봅시다 — 취미 생활에 대한 대화 듣기
Listening to a conversation on hobbies

읽고 써 봅시다 — 동호회를 소개하는 글 읽고 쓰기
Reading and writing about introducing clubs

CULTURE & LITERATURE

문화 알아보기 — 한국 사람의 취미, 등산 Koreans' hobby, hiking

문학 맛보기 — 시 Poem 「피아노」

Part 1

준비합시다

01 -는

76

현재 일어나는 사건이나 행위를 어떻게 말할까요?
How do we talk about an incident or action that is currently taking place?

A 저기 노래 부르는 사람이 누구예요?

B 제 친구 마이클이에요.

문법

V + 는 + N

-는 is attached to the end of a verb to modify the noun and indicates that an incident or action is currently taking place.

가 + 는 + 곳 → 가는 곳　　읽 + 는 + 책 → 읽는 책　　살 + 는 + 도시 → 사는 도시

연습

다음을 보고 묻고 대답해 보세요.
Look at the table below and ask and answer the questions.

	항목	종류		
보기	텔레비전 프로그램	(드라마)	뉴스	코미디
①	음악	팝송	대중가요	클래식
②	책	잡지	소설	만화
③	사람	동창	학교 선배	남자 친구
④	옷	청바지	운동복	정장

A 요즘 자주 보는 텔레비전 프로그램이 뭐예요?

B 제가 자주 보는 것은 드라마예요.

- 코미디 comedy
- 팝송 pop song (foreign)
- 대중가요 pop song (Korean)
- 클래식 classical music
- 잡지 magazine
- 만화 comics
- 선배 senior (at school/work)
- 청바지 jeans
- 운동복 sports wear
- 정장 formal wear

02 -(으)ㄴ/(으)ㄹ

과거에 일어난 사건이나 행위를 어떻게 말할까요? 그리고 미래의 사건이나 행위에 대해서 어떻게 말할까요? How do we refer to a past or future incident or action?

작년에 우리 가족이 간 곳은 제주도예요. 그리고 이번 휴가에 갈 곳은 설악산이에요.

문법

V + (으)ㄴ + N

-(으)ㄴ is attached to the end of the verb to modify the noun and indicates an incident or action that took place in the past.

consonant + 은 예 먹은 음식　　vowel, ㄹ + ㄴ 예 본 영화, 만든 옷

V + (으)ㄹ + N

-(으)ㄹ is attached to the end of the verb to modify the noun and indicates an incident or action that will take place in the future.

consonant + 을 예 먹을 음식　　vowel, ㄹ + ㄹ 예 볼 영화, 만들 옷

연습

다음을 보고 지난번 축제와 다음 축제에 대해 묻고 대답해 보세요.
Look at the table below and ask and answer the questions about the past and the future festival.

		지난번 축제	다음 축제
보기	사회를 보다	나타샤	마이클, 리하오
①	프로그램을 만들다	요코	미셸
②	음악을 준비하다	왕카이	이치로
③	사진을 찍다	티엔, 안드레아	선생님
④	초대장을 보내다	선생님	수잔, 리처드

A 지난번에 사회를 본 사람은 누구예요?
B 나타샤예요.

A 다음에 사회를 볼 사람은 누구예요?
B 마이클과 리하오예요.

사회를 보다
to be the emcee

03 -아/어 보다

여러분이 시도했거나 경험한 것에 대해서 어떻게 말할까요?
How do you talk about something you have attempted or experienced?

A 제주도에 가 봤어요?

B 아니요, 아직 못 가 봤어요.

A 제주도는 정말 아름다워요. 꼭 한번 가 보세요.

문법

V + 아/어 보다

-아/어 보다 is an expression that indicates an action that has been attempted or experienced.

어간 'ㅏ', 'ㅗ' + 아 보다 예 가 보다, 와 보다 그 밖의 어간 + 어 보다 예 먹어 보다
※하다 → 해 보다 예 구경해 보다

연습

다음 사람들이 한국 생활에서 무엇을 경험했는지 묻고 대답해 보세요.
Ask and answer the questions about the things the following people have experienced in Korea.

		도자기를 만들다	찜질방에 가다	삼계탕을 먹다	김치를 담그다	한복을 입다
보기	이치로	○	×	○	×	○
①	미셸	×	○	×	○	○
②	티엔	○	×	○	○	×
③	왕카이	○	○	○	×	×
④	나타샤	×	○	○	×	○

A 이치로 씨, 도자기를 만들어 봤어요?
B 네, 만들어 봤어요. 아주 재미있었어요.

A 그러면 찜질방에 가 봤어요?
B 아니요, 아직 못 가 봤어요.

- 아름답다 to be beautiful
- 도자기 pottery
- 찜질방 sauna
- 김치를 담그다 to make kimchi

어휘

취미 Hobbies

79

사진 찍는 것
사진 찍기

등산하는 것
등산하기

그림 그리는 것
그림 그리기

우표 모으는 것
우표 모으기

영화 보는 것
영화 보기

음악 듣는 것
음악 듣기

피아노 치는 것
피아노 치기

여행하는 것
여행하기

수영하는 것
수영하기

Part 1

말해 봅시다

동아리 활동에 대해 소개하기 Introducing club activities

여러분은 사진 동아리에 가입했습니다. 여러분이 가입한 사진 동아리 활동에 대해 친구에게 소개해 주세요. You have joined the photography club. Tell your friends about the activities of the photography club.

Try it!

말풍선을 따라 대화를 구성해 보세요.
Look at the speech balloons and make up a dialogue.

티엔
Introduce the photography club you have joined.

요코
Ask about the activities of the photography club.

1. 동아리 가입 묻기

동아리 | 가입하다?

아니요, 아직 안 하다

2. 취미 묻기

취미 | 뭐?

저 | 사진 찍는 것 | 좋아하다

3. 동아리 가입 권유하기

그러면 제 | 가입하다 | 사진 동아리 | 들어오다

사진 동아리 | 뭐 하다?

4. 동아리 활동 말하기

사진 찍는 것 | 배우다 우리 | 찍다 | 사진 | 전시하다

사진 전시회 | 열다? 얼마나 자주 모이다?

5. 모임 알려 주기

1주일 | 1번 모이다 내일 모임 | 있다 와 보다

내일 가 보다

대화

80

티엔	요코 씨, 동아리에 가입했어요?
요코	아니요, 아직 안 했어요.
티엔	요코 씨는 취미가 뭐예요?
요코	저는 사진 찍는 것을 좋아해요.
티엔	그러면 제가 가입한 사진 동아리에 들어오세요.
요코	사진 동아리에서 뭐 해요?
티엔	사진 찍는 것을 배워요. 그리고 우리가 찍은 사진을 전시도 해요.
요코	사진 전시회도 열어요? 사진 동아리는 얼마나 자주 모여요?
티엔	일주일에 한 번 모여요. 내일 모임이 있어요. 한번 와 보세요.
요코	네, 내일 가 볼게요.

발음 **Aspiration ②**

When final consonant's sounds [ㄱ], [ㄷ], [ㅂ], [ㅈ] are followed by ㅎ, they are pronounced as [ㅋ], [ㅌ], [ㅍ], [ㅊ].

가입하다 [가이파다]　　입학 [이팍]

표현

- 취미 말하기 Talking about hobbies

A : 취미가 뭐예요?
B : 저는 사진 찍는 걸 좋아해요. / 제 취미는 사진 찍기예요.

- 동아리 가입 권유하기 Encouraging someone to join a club

사진 동아리에 들어오세요.
사진 동아리에 가입해 보세요.
사진 동아리에 가입하는 게 어때요?

확장

여러분이 가입한 동아리에 대해서 반 친구에게 소개하는 대화를 해 보세요.
Talk about the club you have joined in a conversation with your classmates.

· 가입하다 **to join**　· 취미 **hobby**　· 들어오다 **to join**　· 전시하다 **to exhibit**　· 전시회를 열다 **to hold an exhibition**
· 모이다 **to gather**

Part 2

준비합시다

01 –아/어도 되다

81

어떤 일을 하기 전에 허락을 구할 때 어떻게 말할까요?
How do you ask for permission before doing something?

A 이거 먹어 봐도 돼요?

B 물론이에요. 드셔 보세요.

문법

A/V + 아/어도 되다

–아/어도 되다 is an expression indicating permission or approval. –아도 괜찮다, –아도 좋다, –아도 상관없다 are all used in a similar way.

어간 'ㅏ', 'ㅗ' + 아도 되다 ⓔ 가도 되다, 와도 되다
그 밖의 어간 + 어도 되다 ⓔ 써도 되다, 먹어도 되다
※하다 → 해도 되다 ⓔ 구경해도 되다

연습

다음 상황에서 허락을 구하는 말을 해 보세요.
Ask for permission in the following situations.

보기

들어가다

A 들어가도 돼요?
B 네, 들어오세요.

①

주차하다

②

신발을 신어 보다

③

빈 자리에 앉다

④

휴대전화를 사용하다

- 물론이다 of course
- 드시다 to eat (honorific form)
- 빈 자리 empty seat
- 사용하다 to use

02 -(으)면 안 되다

82

박물관이나 영화관과 같은 공공장소에서 금지된 행위에 대해 말할 때 어떻게 말할까요?
How do you say that certain behavior is banned at public places such as museums and cinemas?

A 여기에서 사진을 찍으면 안 됩니다.

B 죄송합니다. 몰랐습니다.

문법

A/V + (으)면 안 되다

-(으)면 안 되다 indicates that certain behavior is banned or restricted.

consonant + 으면 안 되다 예 먹으면 안 되다
vowel, ㄹ + 면 안 되다 예 하면 안 되다, 만들면 안 되다

연습

다음 장소에서 어떤 행위가 허용되는지 묻고 대답해 보세요.
Ask and answer the questions about the kind of behavior that is permitted in the following places.

	장소	금지된 일
보기	병실	담배를 피우다
①	교실	김밥을 먹다
②	기숙사	애완동물을 키우다
③	미술관	그림을 만지다
④	영화관	큰 소리로 말하다
⑤	도서관	휴대전화를 사용하다

A 병실에서 담배를 피워도 돼요?

B 아니요, 병실에서는 담배를 피우면 안 돼요.

병실 **hospital room**
애완동물 **pet**
키우다 **to raise**
미술관 **art gallery**
만지다 **to touch**
큰 소리 **loud noise**

Part 2

말해 봅시다

등산할 때 주의 사항 알려 주기 Informing people of the precautions when hiking

등산 동호회의 오리엔테이션입니다. 신입 회원에게 등산할 때 주의 사항에 대해서 알려 주세요. An orientation session is being held at the hiking club. Tell the new members what they should be careful of when hiking.

Try it!

말풍선을 따라 대화를 구성해 보세요.
Look at the speech balloons and make up a dialogue.

왕카이 Tell about things to be careful of when hiking.	리처드 Ask about things to be careful of when hiking.

1. 등산 일정 확인하기

- 왕카이: 이번 토요일 | 북한산 | 가다 | 알다?
모두 9시 | 학교 정문 | 오다
- 리처드: 그런데 뭐 | 준비하다?

2. 준비물 알려 주기

- 왕카이: 등산화 | 신다 + 모자 | 쓰고 오다
점심 | 준비하다
- 리처드: 산 | 밥 | 하다 | 되다?

3. 주의 사항 알려 주기

- 왕카이: 산 | 불 | 사용하다 | 안 되다
취사 금지
꼭 도시락 | 가져오다
- 리처드: 또 뭐 | 주의하다?

4. 다른 주의 사항 알려 주기

- 왕카이: 산 | 쓰레기 | 버리다 | 안 되다
담배 | 피우다 | 안 되다
- 리처드: 잘 알겠다

대화

83

왕카이 이번 토요일에 우리 등산 동호회에서 북한산에 가는 거 알지요?
모두 9시까지 학교 정문으로 오세요.

리처드 그런데 뭘 준비해야 돼요?

왕카이 꼭 등산화를 신고, 모자를 쓰고 와야 돼요.
점심도 준비해 오세요.

리처드 산에서 밥을 해도 돼요?

왕카이 아니요, 산에서 불을 사용하면 안 돼요. 취사 금지예요.
꼭 도시락을 가져오세요.

리처드 또 뭘 주의해야 돼요?

왕카이 산에서 쓰레기를 버리면 안 돼요.
그리고 담배를 피우면 안 돼요.

리처드 네, 잘 알겠습니다.

표현

- 주의 사항 묻기 Asking about matters to watch out for

무엇을 주의해야 합니까?
어떤 주의 사항이 있습니까?
어떤 점에 주의해야 합니까?

확장

반 친구와 공공장소에서의 주의 사항에 대해 말해 보세요.
With your classmates talk about matters to watch out for in a public place.

동호회 club · 북한산 (Mt.) Bukhansan · 등산화 hiking shoes · 밥을 하다 to cook a meal · 취사 금지 no cooking allowed · 도시락 lunch box · 주의하다 to be careful

Part 3

들어 봅시다

취미 생활에 대한 대화 듣기 Listening to a conversation on hobbies

01 두 사람은 무엇에 대해 이야기하고 있을까요? 서로 이야기해 보세요.
What are the two people below talking about? Take turns giving an opinion.

02 취미 생활에 대한 대화입니다. 잘 듣고 물음에 답하세요. 84
Two people are talking about their hobbies. Listen carefully to the conversation and answer the questions.

(1) 리하오 씨의 취미는 무엇입니까?

① 수영과 농구
② 여행과 운동
③ 등산과 그림 그리기

(2) 마이클 씨의 취미 생활에 대한 설명으로 맞는 것은 무엇입니까?

① 고등학교 선생님한테서 그림을 배웠습니다.
② 운동을 잘 못해서 운동을 그만두었습니다.
③ 여행을 좋아하지만 요즘은 바빠서 못 갑니다.

(3) 맞는 것에 ✓표 하세요.

① 리하오 씨는 다음 주부터 그림을 배울 겁니다. 네 ______ 아니요 ______
② 리하오 씨는 대학교에서 그림에 대한 수업을 들었습니다. 네 ______ 아니요 ______

그만두다 to quit

읽고 써 봅시다

동호회를 소개하는 글 읽고 쓰기 Reading and writing about introducing clubs

01 다음은 동호회 이름입니다. 어떤 활동을 하는 동호회인지 이야기해 보세요.
Below are the names of clubs. Discuss what kind of clubs they might be.

아이에게 사랑을 주는 모임 / 바다 탐험 / 요리 박사들 / 화가가 되고 싶은 사람들

02 동호회를 소개하는 글입니다. 다음을 읽고 물음에 답하세요. 85
Read the following passage introducing a club and answer the questions.

동호회 '사람 사랑'

저는 작년부터 자원봉사 동호회에서 활동하고 있습니다. 우리 동호회 이름은 '사람 사랑'입니다. 우리는 한 달에 한 번씩 토요일에 만납니다. 그리고 부모가 없는 아이들이나 혼자 사는 할머니, 할아버지가 계신 곳에 갑니다. 그리고 그 사람들과 같이 놀고 집안일도 해 주고 목욕도 시켜 줍니다.

처음에는 어려운 사람들에게 도움을 주고 싶어서 이 동호회에 가입했습니다. 그런데 지금은 아닙니다. 아이들과 할머니들, 할아버지들이 저에게 중요한 것들을 가르쳐 주었습니다. 그것은 바로 인생의 의미입니다. 그래서 지금은 이 동호회가 아주 소중합니다. 저는 앞으로 동호회 활동을 계속할 겁니다. 그리고 자원봉사에 관한 공부도 해 보려고 합니다.

(1) 이 사람은 무슨 동호회에서 활동하고 있습니까?

① 어려운 사람을 돕는 동호회

② 여러 사람이 같이 공부하는 동호회

③ 새로운 가족을 만들어 주는 동호회

(2) 맞는 것에 ✓표 하세요.

① 이 사람은 동호회 활동에서 많은 것을 배웠습니다. 네 ____ 아니요 ____

② 이 사람은 동호회에 관한 공부를 하려고 합니다. 네 ____ 아니요 ____

자원봉사 **volunteer**
활동하다 **to participate in**
목욕을 시키다 **to bathe**
도움 **help**
인생 **life**
의미 **meaning**
소중하다 **to be precious**
어려운 사람 **underprivileged people**
새롭다 **to be new**

03 여러분이 활동하는 동호회나 알고 있는 동호회를 소개하는 글을 써 보세요.
Write a passage about the club you're involved in or a club that you know of.

문화 알아보기

Koreans' hobby, hiking 한국 사람의 취미, 등산

한국 사람들은 보통 어떤 취미 생활을 할까요? 조사 결과에 따르면 한국 사람들이 가장 즐기는 취미 생활은 등산이라고 합니다. 특히 30대 이상이 등산을 즐긴다고 합니다. 그러면 왜 많은 사람들이 등산을 좋아할까요? 등산을 좋아하는 이유는 여러 가지가 있습니다. 먼저 전 국토의 70%가 산으로 이루어졌기 때문에 등산하기가 쉽습니다. 또 등산은 건강에도 좋은 운동입니다. 그리고 비용이 많이 들지 않고 시간에 관계없이 할 수 있는 것도 장점입니다. 또한 혼자서도 할 수 있고 다른 사람과 함께 하기도 좋습니다.

What sort of hobbies do Koreans enjoy? According to one survey hiking is the all-time favorite hobby of Koreans, especially those in their 30s and above. But why do so many people enjoy hiking? People enjoy hiking for various reasons. First, it is an easily accessible pastime in Korea as seventy percent of the land is mountainous. It is also good for your health. In addition, it doesn't cost anything and is not restricted by time. It can be enjoyed alone or with other people.

01 한국 사람들은 왜 등산을 좋아할까요? 이유를 말해 보세요.
Why do Koreans like to go hiking?

02 여러분 나라의 사람들이 즐겨 하는 취미 활동에는 어떤 것이 있습니까?
What hobbies and pastimes are popular in your country?

문학 맛보기

01 다음 단어를 표현할 수 있는 그림은 무엇일까요? 또 그 이유는 무엇일까요?
Which picture matches which given word? For what reasons?

구름	해

02 전봉건 시인은 피아노 치는 손가락을 무엇으로 표현했을까요? 「피아노」를 낭송하면서 감상해 보세요. To what did the poet 전봉건 compare the fingers playing the piano? Read and reflect on the poem "피아노". 86

피아노

전봉건(1928~1988)

피아노에 앉은
여자의 두 손에서는
끊임없이
열 마리씩
스무 마리씩
신선한 물고기가
튀는 빛의 꼬리를 물고
쏟아진다.
(후략)

『꿈 속의 뼈』, 근역서재, 1980

03 여러분의 취미를 어떤 사물로 표현할 수 있을까요? 친구들과 이야기해 보세요.
Discuss with your friends the objects you could use to express your hobby.

끊임없이 endlessly　신선한 fresh　물고기 fish　튀는 popping　빛 light, ray　꼬리를 물다 to follow one after another
쏟아지다 to pour

APPENDIX

| 부록 |

듣기 지문 및 정답

Listening Script and Answers

찾아보기

Index

듣기 지문 및 정답 Script and Answer

8과 들어 봅시다

주인 어서 오세요. 뭘 찾으세요?
손님 양말 있어요?
주인 네, 이쪽에 있어요. 아주 예뻐요.
손님 이 양말은 얼마예요?
주인 한 켤레에 4,000원이에요. 세 켤레에 10,000원이에요.
손님 지금 세일이에요?
주인 네, 이번 주 일요일까지 세일이에요.
손님 아, 그래요? 손수건은 어디 있어요?
주인 여기 있어요. 한 장에 8,000원이고 두 장에 15,000원이에요.
손님 스타킹은 얼마예요?
주인 이건 5,000원짜리예요.
손님 그럼 이 양말 세 켤레하고 손수건 두 장 주세요.
주인 감사합니다. 또 오세요.

2. (1) ① 4,000원 ② 8,000원 ③ 5,000원 (2) ③ (3) 이번 주 일요일까지 세일입니다.

읽고 써 봅시다 2. (1) ③ (2) 필통 한 개, 부채 두 개, 엽서 다섯 장을 샀습니다. (3) ① 아니요 ② 네

9과 들어 봅시다

수진 여보세요.
티엔 여보세요. 수진 씨? 저 티엔이에요.
수진 티엔 씨, 안녕하세요?
티엔 네. 그런데 수진 씨, 이번 토요일 저녁 7시에 시간이 있어요?
수진 10월 27일이요? 네, 시간이 있어요. 그런데 왜요?
티엔 우리 반 미셸 씨의 생일이에요. 수진 씨도 오세요.
수진 네, 좋아요. 어디에서 생일 파티를 할 거예요?
티엔 우리 집에서 할 거예요. 우리 반 친구 7명 모두 올 거예요. 마이클 씨가 케이크를, 율리아 씨가 음료수를 준비할 거예요. 그리고 제가 음식을 만들 거예요.
수진 정말 재미있겠군요.
티엔 그리고 함께 저녁을 먹은 후에 노래방에 갈 거예요. 그리고 춤도 추러 갈 거예요.
수진 좋아요. 그러면 토요일 7시에 봐요.

2. (1) ① 10월 27일 토요일 ② 저녁 7시 ③ 티엔의 집 (2) ① 네 ② 아니요 ③ 아니요

읽고 써 봅시다 2. (1) ② (2) ① 아니요 ② 네 ③ 아니요

10과 들어 봅시다

아나운서 안녕하세요. 김수영 아나운서입니다. 여러분은 어떤 커피숍에 자주 가세요? 오늘은 여러분에게 학교 앞의 '커피사랑'과 '카페 미소'를 소개하겠어요. 먼저 우리 학교 친구들의 인터뷰입니다.

여학생 저는 '커피사랑'에 자주 가요. '커피사랑'은 학교 정문 바로 앞에 있어요. 아주 가까워요. 거기는 커피 맛도 좋고 비싸지 않아요. 그리고 커피 종류도 많아서 좋아요.

남학생 저는 '카페 미소'를 좋아해요. 학교 후문 옆에 있어요. 그 집은 차도 맛있지만 음악 연주가 있어서 더 좋아요. 월, 수, 금요일 오후에 피아노 연주를 해요. 저는 친구들과 차도 마시고, 음악도 들으러 자주 가요.

아나운서 와! 저는 두 곳 모두 가고 싶어요. 여러분, 어떠세요?

2. (1) ③ (2) ② (3) ③

읽고 써 봅시다

2. (1) ① 아니요 ② 네 ③ 아니요 (2) 수잔 씨가 한국 사람처럼 한국 음식을 좋아해서

11과 들어 봅시다

직원 어서 오세요.

요코 부산행 기차표를 예매하려고 합니다.

직원 언제 출발하실 겁니까?

요코 이번 주 토요일 오후 1시쯤요. 표가 있습니까?

직원 잠깐만요, 손님. 죄송합니다. 오전 11시 이후에는 모두 매진입니다.

요코 그래요? 그럼, 몇 시 표가 있습니까?

직원 오전 10시 새마을호와 10시 50분 KTX만 있습니다.

요코 네…… 가격이 어떻게 됩니까?

직원 KTX는 51,200원이고 새마을호는 41,100원입니다.

요코 그래요? 시간은 얼마나 걸립니까?

직원 KTX는 2시간 50분 걸리고 새마을호는 5시간 걸립니다.

요코 그럼, 10시 50분 KTX로 두 장 주세요.

직원 네, 여기 있습니다.

2. (1) ④ (2) ④

읽고 써 봅시다

2. (1) 경복궁 → 삼청동 → 청와대 (2) ① 네 ② 아니요 ③ 네

12과 들어 봅시다

안녕하세요? 내일의 날씨를 말씀드리겠습니다.

먼저 서울의 날씨입니다. 내일 서울은 오후부터 비가 오겠습니다. 내일 아침 기온은 12℃~14℃로 오늘보다 낮겠고, 낮 기온은 19℃가 되겠습니다. 우산을 준비하시고 긴 팔 옷을 입는 것이 좋겠습니다.

다음은 부산의 날씨입니다. 내일 부산은 맑겠습니다. 아침 기온은 16℃~18℃로 오늘과 비슷하고, 낮 기온은 23℃가 되겠습니다.

내일 제주도는 바람이 많이 불겠습니다. 아침 기온은 18℃~21℃, 낮 기온은 24℃가 되겠습니다. 일기 예보였습니다.

2. (1) ① - ㉡ - ⓐ ② - ㉢ - ⓑ ③ - ㉠ - ⓒ (2) ①

읽고 써 봅시다

2. (1) 장학금을 받았습니다. 그래서 공부하러 옵니다.
   (2) ① 아니요 ② 네 ③ 네

13과 들어 봅시다

직 원 여보세요? 한국 식당입니다.
마이클 12월 24일에 예약하고 싶은데요.
직 원 죄송합니다, 손님. 24일과 25일은 예약이 끝났습니다.
마이클 아, 그래요? 그러면 23일은요?
직 원 23일은 가능합니다.
마이클 그러면 23일 저녁 7시로 예약해 주세요.
직 원 몇 분이세요?
마이클 두 명요. 조용한 창가 쪽 자리로 부탁합니다. 참! 금연석으로 해 주세요.
직 원 네, 그렇게 해 드릴게요. 손님 성함과 연락처를 말씀해 주세요.
마이클 저는 마이클이에요. 전화번호는 010-1803-3849예요.
직 원 창가 쪽, 금연석 자리로 예약되었습니다. 그날 오시면 입구에서 손님의 성함을 말씀해 주세요.
마이클 네, 안녕히 계세요.

2. 12월 23일, 저녁 7시, 두 명, 금연석, 창가

읽고 써 봅시다

2. (1) 시간: 토요일 6시 장소: 학교 앞 이화 호프
   (2) ① 아니요 ② 네

14과 들어 봅시다

리하오 여보세요.

이치로 리하오 씨, 안녕하세요? 이치로예요. 뭐 좀 물어보려고요. 우리 이번 주 금요일에 만나지요? 몇 시예요?

리하오 저녁 7시요. 그날 올 수 있지요?

이치로 네. 그런데 30분 정도 늦을 거예요. 중요한 일이 있어서 학교 선생님을 잠깐 만나야 해요.

리하오 알겠어요. 장소는 알죠? 학교 정문 앞 '커피사랑'요.

이치로 네, 알아요. 그런데 누구누구 와요?

리하오 마이클 씨, 요코 씨가 올 거예요. 나타샤 씨는 러시아에서 부모님이 오셔서 못 와요.

이치로 그래요? 학교에서 출발하기 전에 리하오 씨에게 전화할게요.

리하오 네. 그럼 금요일에 봐요.

이치로 잘 있어요.

2. (1) ① 오후, 7시 ② 학교 정문 앞 '커피사랑' (2) ③ (3) ① 네 ② 네

읽고 써 봅시다

2. (1) ① 네 ② 아니요 (2) ②

15과 들어 봅시다

마이클 리하오 씨는 시간이 있으면 보통 뭐 해요?

리하오 저는 운동을 해요. 특히 좋아하는 운동은 수영하고 농구예요. 그래서 주말에는 거의 친구들과 운동을 해요. 마이클 씨는 취미가 뭐예요?

마이클 저는 주말에 산이나 바다로 여행 가는 걸 좋아해요. 그리고 그림 그리는 것을 좋아해서 경치가 좋은 곳에 가면 항상 그림을 그려요.

리하오 여행이나 그림 그리는 것도 좋은 취미죠. 그림은 언제부터 그렸어요?

마이클 고등학교 때부터요. 학교 선생님한테서 배웠어요.

리하오 저도 그림에 관심이 많아요. 배워 보고 싶어요.

마이클 리하오 씨, 제가 가르쳐 줄게요.

리하오 정말요? 마이클 씨, 그럼 다음 주부터 시작해도 될까요?

마이클 그럼요, 리하오 씨. 편한 시간을 알려 주세요. 전 오후에는 언제든지 괜찮아요.

2. (1) ① (2) ① (3) ① 네 ② 아니요

읽고 써 봅시다

2. (1) ① (2) ① 네 ② 아니요

찾아보기 Index

지은이 소개 About the Authors

이미혜 Mi-Hye Lee

이화여자대학교 교육대학원 외국어로서의 한국어교육전공 조교수

Assistant Professor, Teaching Korean as a Foreign Language Major, Ewha Graduate School of Education

이화여자대학교 국어국문학과 박사 Ph.D. in Korean Linguistics, Ewha Womans University

김현진 Hyun Jin Kim

이화여자대학교 언어교육원 특임교수 Professor of ELC, Ewha Womans University

이화여자대학교 독어독문학과 박사 Ph.D. in German Linguistics, Ewha Womans University

구재희 Jae-Hee Koo

이화여자대학교 언어교육원 강사 Instructor of ELC, Ewha Womans University

이화여자대학교 국어국문학과 박사 Ph.D. in Korean Linguistics, Ewha Womans University

유선희 Sun-Hee Ryu

전 이화여자대학교 언어교육원 전임강사 Former Full-time Instructor of ELC, Ewha Womans University

이화여자대학교 독어독문학과 박사 Ph.D. in German Linguistics, Ewha Womans University

윤영 Young Yoon

전 이화여자대학교 언어교육원 전임강사 Former Full-time Instructor of ELC, Ewha Womans University

연세대학교 한국학협동과정 박사 Ph.D. in Korean Studies, Yonsei University

이수행 Soo-Haeng Lee

전 이화여자대학교 언어교육원 강사 Former Instructor of ELC, Ewha Womans University

상명대학교 한국학과 박사 수료 Ph.D. in Korean Studies, Sangmyung University

권경미 Kyong Mi Kwon

전 이화여자대학교 언어교육원 강사 Former Instructor of ELC, Ewha Womans University

이화여자대학교 국어국문학과 박사 Ph.D. in Korean Linguistics, Ewha Womans University

Contents of MP3

• 본 교재의 듣기 자료는 이화여자대학교출판문화원 홈페이지(www.ewhapress.com) '자료실'에서 내려받을 수 있습니다.